은핫물 강변에
접동새 울음소리

은핫물 강변에 접동새 울음소리

초판인쇄 2025년 6월 20일
초판발행 2025년 6월 20일

지은이 오재동
펴낸이 이해경
펴낸곳 (주)문화앤피플뉴스
등록번호 제2024-000036호
주소 서울 중구 충무로2길 16, 4층 403호 (충무로4가, 동영빌딩)
대표전화 02)3295-3335
팩스 02)3295-3336
이메일 cnpnews@naver.com
홈페이지 cnpnews.co.kr
편집 길민정

정가 13,000원
ISBN 979-11-94950-01-1 (03810)

※ 이책은 전부 또는 일부 내용을 재사용하려면 반드시 저작권자와 도서출판
  문화앤피플의 동의를 받아야 합니다.
※ 이 도서의 국립중앙도서관 출판시도서목록(CIP)은 서지정보유통지원시스템
  홈페이지(http://seoji.go.kr)와 국가자료공동목록시스템(http://www.go.kr/kolisnet)
  에서 이용하실 수 있습니다.
※ 이 책은 교보문고와 연계하여 전자책으로도 발간되었습니다.
※ 이 책은 국립중앙도서관 홈페이지에서 검색 가능합니다.
  잘못 만들어진 책은 바꿔드립니다.

나의 인생 나의 문학

은핫물 강변에
접동새 울음소리

오재동 시선집

문화앤피플

시인의 말

빗 돌

참 덧없어라.
붉은 해는 서산머리에 걸렸는데 삶이 나에게 묻는다. 지금껏 너는 무엇을 바라 살아 왔느냐고? 이 물음에 가장 고통스러운 것은 내가 내 삶에게 인정받지 못한 것이다. 내가 추구한 가치에 몰두하지 못했기에 외소롭고 고독하다.
그래서인가 스산함과 충만을 느끼는 겨울을 나는 좋아한다. 눈은 소란스럽지 않고 삶을 고민할 수 있는 넉넉한 시간을 주기 때문이다. 모든 사람은 봄을 찬미하지만 유독 봄을 좋아하지 않은 것은 50년 어느 봄날 탓인지도 모르겠다. 그런들 어쩌겠는가, 토담에 찔레꽃은 올봄도 피고 나의 문학의 혼은 모정과 고향이다.

    만공에 추를 달아 풀잎 끝 모두우고
    튼튼한 백지위에 일궈 올린 나의 생애
    그 허일 푸른 속말들 피 흐른 내 서한

이제 어찌할거나, 나는 고민에 빠졌다. 시를 버리고 방랑 생활을 할 것인가. 깊은 산속으로 들어가 산을 깎아 밭을 갈고 봄이면 씨 뿌리고 가을이면 거두고, 낮이면 밭에 나가 일을 하고 밤이면 호롱불 아래서 세월 속에 묻혀버린 그리움들이나 헤아리며 아무런 욕심도 내지 않고 새소리 벗 삼아 풀벌레 소리나 낡은 머리에 담으며 살아갈 것인가, 그러면 삶이 한없이 평온하고 조용해질까.

　애초에 내가 하고자 했던 것은 삶이란 무엇이며 시란 무엇인가? 누구도 써보지 못했던 이글이글 타오른 그런 삶을 노래하고 싶었다. 어쩌랴, 올 때 아무런 글자 가진 것 없으니, 갈 때도 아무런 글자 남긴 것 없다고 슬퍼하지말라. 인생은 공수래공수거 아닌가.

금당산자락 우거에서 **오 재 동**

차례

시인의 말

1 · 뿌리

뿌리 • *13*
무명고지 • *16*
양심수의 기도 • *18*
그 봄날이 싫다 • *20*
홀로 서서• *22*

2 · 나의 인생 나의 문학

삶의 언덕길에 종달새 울음소리 • *25*
  계간「동산문학」
  한국문협「문단실록2」수록내용 외
  다른 글도 첨가 되었음.

차례

3 · 접동새

접동새의 슬픔이 이슬에게 • *75*
슬픔이 나에게 • *76*
눈 • *77*
참꽃 • *78*
별부 • *79*
깜부기 • *80*
이슬1 • *81*
이슬2 • *82*
흐르는 것이 어디 물뿐이랴 • *84*
꽃말 • *86*
산촌에 살고 싶다 • *88*
그해, 가을 • *89*
이제 잔을 비우자 • *90*
망향가 • *92*
동백꽃 비오는 날 • *93*
풍장 • *94*
이슬아 • *96*

차례

4 · 오재동 시 평설

Ⅰ시집, 향토적 抒情性의 회복과 詩의 건강성 • *99*
 -송수권(宋秀權) 전 순천대 교수, 시인
Ⅱ시집, 삶 속에 길어 올린 생체험生體驗의 미학美學 • *113*
 -송수권(宋秀權) 전 순천대 교수, 시인
자연친화적 삶의 서정 • *123*
 -김건일 시인
눈내린 간이역 • *128*

차례

5 · 베짜기

운암리 시편 • *133*
베짜기 • *134*
백운산에 오르며 • *136*
인동기 • *138*
갯벌 • *139*
한하운韓河雲 • *140*
달밤 • *141*
매미의 울음소리 • *142*
옛집에서 • *143*
울음이 타는 낙화암 • *144*
시여, 터져라 • *146*
묵墨돌 • *148*
선민이의 눈물 • *150*
어부의 사랑 • *153*

차례

6 · 삶의 참회懺悔

별 • *157*
독도 • *158*
낙서 • *160*
포장마차 • *162*
능가사에서 • *164*
악모惡毛 • *166*
꽃아, 놀라지 말아라 • *167*
모닥불 • *168*
삶의 참회懺悔 • *170*
실명失明 • *171*
월출산 • *172*
억새풀 • *173*
금남로 서정 • *174*

7 · 오재동 연혁

오재동연혁 • *179*

1

뿌리

뿌리
무명고지
양심수의 기도
그 봄날이 싫다
팔영산에 오르며

뿌리

　내가 태어나고 소년기를 보낸 곳은 우리나라 가장 남쪽 고흥 반도 고흥읍에서 30여 리 황톳길을 따라 들어가면 앞산에서 뒷산으로 간짓대를 걸쳐놓을 듯한 내 좋은 사람과 밤 깊도록 이야기하고 싶은 대낮에도 여우가 난다는 50여 호가 옹기종기 모여 산 전원적인 산골이다. 그런가하면 뒷동산인 태산에는 성터가 있고 둔전이 있는가 하면 1km 지점이 현이고 삼도三道 암행어사가 을사사화로 낙향하여 생을 마친 유서 깊은 646번지, 그곳이 나의 탯자리다.

　　아이들과 떨어져 번을 서고 오는 날은
　　혼자서 걸어 넘는 자주고갯길
　　소낙비 우르르 쾅 내리치는 번갯불 속에서도
　　나도 크면 암행어사가 되어 우르릉 쾅
　　어사출도를 붙여야지
　　암행어사 출도요… 그 소리를 열 번만 퍼지르면
　　귀신불도 도깨비불도 나타나지 않았다

　　중원을 달리는 기마족의 후예였을까?
　　그 묘비명과 신도비에 적힌 대로
　　이름은 오 전(吳 錢) 이요
　　명종대왕 때 을사사화를 만나

43세 나이로 고향에 내려와서
홧병으로 죽었다지만
그는 젊은 나이로 쌍 마패를 차고
삼남을 호령하고 다닌 암행어사였다

- 송수권 시집 『사구시의 노래』에서
「암행어사 오전(吳 錢)」과 「자사치 고갯길」 3연 4연

* 오전(吳 錢)의 암행 詩
洛東江上仙舟泛 鳳管龍笙落晚風 遠客停驂聞不樂 蒼梧山色暮雲中

"낙동강 물 위에 신선이 노니는데, 용봉이 합주하는 피리와 젓대소리 어우러져, 해질녘 바람을 타고 강물 위로 흐르는구나, 먼 길 돌아서 온 나그네는, 말을 매고 귀를 기울여 들어보아도 즐거워하지 않음은, 창오산 빛이 구름 속에 저물었네." (중종대왕 승하 시 영남 선비들이 슬퍼하지는 않고 강상풍월 하는 것을 보고 한탄해서 읊은 시로 조정에서는 이 지방 관료들을 즉시 파직시켰다고 한다) 두원면 대동리 출신으로 동복 오씨 의재공파의 시조다.

만고에 뜻을 품고 경성으로 유학간 총아總芽
피보다 더 붉은 것을 위해

꽃보다 더 고운 것을 위해
땀과 눈물과 푸른 깃발을 들고
조국의 노예로 하늘과 땅 깊숙이
눈발을 달리던 아름다운 눈동자
잿빛으로 물든 산하 155마일
한 시대의 핏빛어린 역사여

- 필자의 「양심수의 기도」 3연

  한 시대의 백인白刃의 푸른 강물을 건너다 이슬처럼 사라져버린 조손祖孫들
  파산한 가계의 슬픈 명운이여
  그 실핏줄 어딘가에 닿아 있을 그 한恨.
  죽어서도 차마 못죽어 산구山鳩로 태어나 이 산 저 산 뻐꾹새 울음 울고
  찬란했던 추녀는 녹슨 풍경 하나 걸려 있고 마당귀 노란 장다리 꽃대에 해원解寃의 나비 한 마리 이승과 저승을 오고 간다.
  한 시대마다 조국을 위해 살다간 그 길
  이제 누가 있어 묘지에 한 포기의 풀잎이나 뽑아주리.
  덧없어라, 참 허무해. 세사가 그러한 걸 뭐?
  한 족보의 멸문지화滅門之禍여!

무명고지 無名高地

피맺힌 능선 155마일
달빛 젖어 흐른다

옥문이 여닫기 듯
하루가 또 새고 저물고

한 태胎줄 진하던 피는
물빛으로 옅어 가는가

울며 예는 가람 속에
제대로 잠 못 이루고

임진강 휘휘 돌아
완충지緩衝地를 저만치 돌아보며

평화와 전쟁이 귀댄 곳
지금은 영하 몇 십도 선상인가

잿빛으로 물든 산하
울음빛으로 떠 오르고

이렇게 멀리 눈날리는
내 조국 피의 판도版圖

허공을 지킨 포신砲身이
핏물보다 아파라

양심수의 기도

하늘아, 들아
사랑하는 사람들아
갇혔구나 구속되었구나
육신보다 소중한 것을 위해
사랑보다 아름다운 것을 위해
눈물이 허옇게 흐느끼는 어둠 속에서
10년 20년 아니 30년 더 길게
행동과 말과 생각을 빼앗기고
꼬부랑 노인이 될 때까지
기약없이 이어지는 절망과 죽음의 세월들
그러는 동안에 사랑하는 사람들은 떠나고
천만근 힘으로도 치료할 수 없는
굴욕과 질병과 산산이 부서진 육신
언어마저 말라버린 비전향 장기수
우리는 그들을 양심수라 하던가

형광등 하얀 불빛 아래서
잠 못 이루는 추운 겨울밤

마룻장에 모로 웅크리고 쓰러져 누워
〈하느님 우리의 기도를 들어 주소서〉
한 시대의 핏빛어린 추억이여
흘러간 역사는 되돌릴 수 없기에
세월이 더 흘러가기 전에
우리의 얼굴이 더 부끄러워지기 전에
양심수가 세상의 품으로 돌아가는 날
그날은
종다리 노래하는 푸른 보리밭 언덕에
냉이꽃도 삘기꽃도 복사꽃도 하얗게 피어나리

그 봄날이 싫다

 옛날은 가버린 것이 아니라 어둑한 눈길 따라 오는 것인가

 은은한 개울물 언덕에 제비꽃 피고 앞산 머리에 안개구름 흘러가던 그 봄날이 싫어 불꽃 같은 얼굴도 돌샘도 손사래 치고 신새벽길 바람처럼 떠나온 지 몇 십 해가 지나갔는데도 무너진 토담에 찔레꽃은 누구를 기다려 지금도 멍멍히 피어있는가

 핏빛서린 총 끝에 스러진 공포도 두려움도 잘못도 아닌 것에 하얗게 놀란 그 봄날이 싫고
 뒤란에 앵두꽃은 품을 대로 품었는데도 높새바람은 잦아들지 않고 꽃도 새도 아지랑이 울음 소리도 섧어 겹이불을 뒤집어쓰고 가엾고 슬픈 낙엽처럼 아래로 아래로만 굴러가는 흐느낌과 훌쩍거림에 떨고 있는 그 봄날이 싫다

 멀게만 보이는 쓸쓸하고 높은 운동장 언덕에는 파란 새싹은 돋고 싱그러운 풀꽃 향기는 강 건 너 실바람 타고 내려와 나를 창백하게 만든 그 봄날이 싫고

흰 구름 둥둥 떠가는 푸른 하늘 끝간 데 팔매질 치면 어리디 어린 조약돌은 수직으로 떨어져 버린 그 봄날이 눈물보다 싫다

 세월은 가고 나는 늙고 그 번지를 떠나 살고 있는데도 바람에 흔들리는 고독한 것에 대하여 죽음처럼 눈감으면 신들린 무당처럼 눈물방울이 매달려 떨고 그 많은 세월이 지나가는 동안 거름 없이 통증을 앓고 가슴앓이를 한 이 봄날이 싫다

 감꽃이 피었다 지기도 전에 아버지는 이승을 뜨고 등잔불 켜 놓고 물레만 감아 넘기던 청상의 어머니는 부엉새 울음 속에 사십 해 전에 백토재를 넘고 이념의 굴레에 묶여 황토빛 바지저고리만 입고 두렁길만 오고 가던 형아는 이제 무엇을 더 바라겠느냐고 한 평의 흙으로 돌아가니, 찾아 헤매던 오랜 세월 귀 멀고 머리칼 날리는 나이가 되었는데도
  소년의 또렷한 고향길
 그 봄날이 싫어 천리 먼 낯 섧은 도시 가난한 산자락에서 살고 있다.

홀로 서서

흰구름 하늘을 떠돌다
혼불 놓아 불 되고
슬픔 터져 오른 동화사 빈터

하얗게 흔들리는 억새풀
꽃 속에 홀로 서면
이승의 모든 것 울음인 것을

2

나의 인생 나의 문학

삶의 언덕길에 종달새 울음소리

한국문인협회창립60주년
특별기획「문단실록2」
계간「동산문학」에 수록

삶의 언덕길에 종달새 울음소리

　　봄비 내리자
　　앞산 들쑤셔 파랗게 키우면
　　피라미떼는 속살거리며 개울물 거슬러 오르고
　　터지도록 뜸북뜸북
　　남풍에 하늘거린 벼포기 가지에 앉아
　　그렇게 울고 싶은 마음들이
　　그리움으로 넘쳐난 푸른 들아

　　웃녘산 실바람 불고 돌쇠가 떠나던 날
　　말을 할까 이슬 듣는
　　칠칠한 빛깔로 나풀거린 청보리밭 언덕에서
　　약지 걸며 맹세한 미쁜 해 우리 사랑
　　차마 잊을리아
　　살아온 자국 없어 아름다운 사람의 길
　　내 꿈 풀어 섞어야하리

　　　　　　　　　　　　　　- 「고향길」 전문

　2013. 5. 11. 향우회에서 태산자락 빗돌에 새겨 놓은 나의 시다.
　시의 본향은 고향이다. 따라서 이 시는 관념적이고 이상적인 고향 곧 꿈이나 상상의 세계를 이야기한 이

데아(idea)나 작위적인 그런 고향이 아니라 직접적인 생체험에서 써진 고향의 풍경이고 인정이다.

　등뼈 시린 날이면
　간이역 3등 열차는 북쪽으로만 가고
　다복솔 아래서 나는 오도카니 바라만 보고 있었다
　종착역에는 무어가 있을까 풀꽃 한 떨기라도 피어 있으려나
　일찍이 나는 고향을 떠났다
　그날은 아지랑이가 새실거리고
　조선낫은 청보리밭 언덕에서 목 놓아 울고 있었다
　길게 뻗은 황톳길 모퉁이를 돌아가려는데
　헐어진 흙담에 찔레꽃 한 송이가 나를 따라와 눈썹에 박히고
　딸각딸각 어머니의 베틀노래가 나의 가슴을 파고들었다.
　나를 동무 삼아 이야기하고 키워 준 것은 오직 베틀노래 하나였다.
　쌀랑쌀랑 눈발은 내리고 차운 바람이 귓밥을 때리면 불그스름한 물이 고이기도 하고
　외로움이라든지 슬픔이라든지 그리움이라든가에 뜨거운 눈물이 괼 적이면
　부끄러움에 낯이 확 달아오르고 스스로 어리석음을 눌러 죽이기도 했다.
　이렇게 세월이 흘러가는 동안에도
　끝없이 불어오는 눈바람 속에 유형의 길을 따라
　흘러간 나타샤와 네플류도프의 낭만도 있었다
　어둑이 잠든 토담집 마룻장 밑에서 새벽을 알리는 닭이 울고

아스라한 교회당 첨탑 위로 달이 떠오르듯
나는 꿈꾸듯 별을 노래하기도 했다
그 뒤로 긴 세월만큼 꽃은 피고 또 졌지만
다무락에 덩굴진 찔레꽃은 시들지 않고
딸각딸각 봇물처럼 솟아오른 베틀노래는 나와 함께
봄, 가을, 겨울, 여름을 살아가고 있다

- 「베틀노래」전문

이 시는 내 삶의 자화상이다. 빛고을전국시낭송경연대회에서 최인순 시인께서 대상을 받기도 했다.(2011년)

날이 청명한 봄날이면 바다 저 멀리 벌교에서 광주로 올라가는 기차가 마치 벌레처럼 기어가고 있는 것을 보고 있노라면 배움에 대한 아쉬움과 갈망, 어찌할 수 없는 동경에 젖어 북쪽인 서울로만 가면 풀꽃 한 송이라도 피어 있을 것 같은 충동을 느꼈다. 결국 나는 고향을 떠났다. 내가 떠나던 날 '찔레꽃 한 송이가 따라와 눈썹에 박히고(향수) 딸각딸각 베틀노래(어머니의 모진 삶)가 가슴을 파고들었다.' 나는 9살 때 아버지를 여의고 50년대 격변기에 피바람이 몰아쳐 불행한 소년기를 보내면서 마음을 달래려 했던가, 어머니가 들려준 '류충렬전', '콩쥐팥쥐' 같은 영향 때문인가, 닥치는 대로 아는 듯 모르는 듯 책을 읽었다. '삼

국지', 심훈의 '상록수', 나도향의 '환희', '벙어리 삼룡', 이광수의 '이차돈의 사', '유정', '무정', 이무영의 '농민', 채만식의 '탁류', 전쟁의 포화 속에서 신음하는 러시아인들의 모습을 그린 톨스토이의 '전쟁과 평화', 네플류도프와 카추샤(나타샤)의 낭만을 노래한 '부활', 한 소녀의 순정을 바친 모파상의 '여자의 일생'. 도스토옙스키의 '이중인격', '학대받은 사람들', 통속소설 '미인의 일생' 등 잡히는 대로 읽었다. 지금도 가장 또렷이 떠오른 것은 이차돈을 찾아 생사를 초월하고 고구려 국경을 넘는 달님과 별님의 눈물겨운 사랑의 모습이다. 하기야 포탄이 쏟아진 전쟁터나 빨치산의 절망 속에서도 사랑은 존재하니까 말이다. 그러나 대학시절에는 국문과 학생이지만 마음 풀어놓고 한 권의 소설도 제대로 읽은 기억이 없다. 나의 생활이 허락하지를 않았다. 교수의 말에 따라 영화로 많은 책을 읽었을 뿐이다. 그렇다고 가진 자의 삶을 부러워할 겨를도 마음도 없었다. 나에게 주어진 삶을 운명으로 받아들였다. 나는 운명이란 어찌할 수 없다고 믿었다. 지금도 마찬가지다. 나는 독서를 통해서 올바른 삶의 길과 사랑의 숭고함과 아름다움을 배웠다.

　　가을 산빛이 상수리 잎새에 머문다
　　능선을 타고 넘어온 바람에 억새가 몸을 비비며 운다

멀리 봉우리를 넘는 산꾼들의 웃음소리가 예사롭지가 않다
　노스님이 밟고 간
　빨갛게 익어간 고추가 오늘따라 핏빛으로 비쳐오고
　골짝을 나는 산꿩들의 울음소리가 따발총소리로 들린다
　눈썹 포름한 여승 같은 서러운 마음이 들었다

　역사는 철철 흘러갔는데
　내 마음 텅 빈 구멍에
　팔영산 산 1번지의 풍경이 떠오른다
　사랑할 것을 사랑하지 못하고
　한 시대의 이념을 운운한
　경성으로 유학 간 오라버니
　가랑잎 타고 꼴짝꼴짝을 흘러다니다
　유월 이십 오일이 반란하던 날
　남쪽 바닷가 두고 온 마을
　성한 육신으로는 못 오고
　그믐달 타고 둥둥 떠서 온 시린 혼백
　나 어린 나에게도 그런 날이 있었다

　　　　　　　　　　　　- 「팔영산에 오르며」 전문

　어느 날 등산길에 오를 때 비쳐오는 50년대 핏빛 어린 우리 가족사의 모습이다. 고추가 핏빛으로 비쳐오고 산꿩들의 울음소리가 따발총소리로 들린다

는 것은, 팔영산 산 1번지는 가상의 골짜기로 양민들이 사살된 곳으로, 그 원혼이 잠들지 못하고 이승에 남아 뻐꾹새로 이골 저골 떠돌며 울고 있는지도 모르겠다는 생각이 들었다. 내 나이 어려서 잘은 모르지만 우리 가족과 경기중학(경기고등학교)을 졸업한 형이 보도연맹 사건으로 이슬방울로 스러진 곳이기도 하다.

> 한 봉우리에 숨은 실제의 뻐꾹새가
> 한 울음을 토해 내면
> 뒷산 봉우리 받아넘기고
> 또 뒷산 봉우리 받아 넘기고
> 그래서 여러 마리의 뻐꾹새로 울음 우는 것을 보았다
>
> 봄 하룻날 그 눈물 다 슬리어서
> 지리산하에서 울던 한 마리 뻐꾹새 울음이
> 이승의 서러운 맨 마지막 빛깔로 남아
> 이 세석 철쭉꽃밭을 다 태우는 것을 보았다
>
>   - 송수권 「지리산 뻐꾹새」 2연, 4연

좌와 우의 이념의 혼돈 속에서 또는 아무것도 모르고 죄 없이 죽어간 원한 많은 넋이 저승으로 가지 못하고 죽어서도 차마 못 죽어 지리산 한 마리의 뻐꾹새로 울고 그 눈물이 세석 꽃밭을 다 물들이고 있다. 무등산에도 철쭉꽃은 피고, 섬진강 힘센 물줄기가 남해

군도의 섬들을 밀어 올리면 영산강에도 힘센 물줄기가 흘렀으리라. 지리산 깊숙이 눈발을 달리던 아들딸들은 서러워 너무 서러워 뻐꾹새로 태어나 지금도 울고 있을지도 모른다. 그 당시 좌와 우의 이념의 공통분모는 조국과 백성을 사랑하는 마음이었으리라. 그때 어린 나를 대밭 구석지에 끌어다놓고 뺨을 때리고 구타했던 사람들은 지금 어디에 있으며 묘비명에 무어라 새겨놓았을까.

내 공무원 카드 속에는 "오재동의 형 ***는 **** 사살된 자임 주의를 요함. 단 이 문제는 본인과 관계없는 문제이므로 본인에게 불이익을 가했을 때는 형사처벌을 면치 못함" 붉은 글씨로 써진 신원조회서가 꼬리표처럼 따라다녔다는 것을 훗날 우연한 기회에 알게 되었다.

권불 10년이라 했던가. 1960년 4·19혁명! 나는 무위도식이 아니라 뜬구름처럼 모였다 흩어지는 흔적 없는 세월을 보내고 있었다. 대학진학은 생각조차 못하고 서울역 가판대 위에 달 지난 월간지를 펴놓고 남행열차를 타려는 사람들에게 파는 참 발랄하고 용기 있는 철없는 생활을 하고 있었다. 그러나 내 뜻은 내 스스로 이루겠다는 것이 돌보다 굳은 나의 신념이었다. 지금은 내 삶의 아름다운 추억의 한 토막으로 남아 있다. 4월 18일 어스름이 짙어갈 무렵 서울역 염천교를 지나려는데 불덩이 하나가 내 머리 위로 번개처럼 지나가는 것이다. 이승만 정권몰락의 시작을 알리는 총알이었다. 나는 나의 원이나 푸는 듯 부푼 마음에 26일 대통령이 하야 성명을 할 때까지 하루도 빠지지 않고 생활도 접은 채 시위에 참가했다. 처음에는 대학생들 틈에 끼어서 투쟁했고 다음 날부터는 서울 모든 대학생과 교수 국회의원 그리고 시민들이 하나가 되어 독재타도에 훨훨 불길이 타올랐다. 처절한 불길이었다. 총알과 돌과의 싸움이었다. 내가 투쟁에 몸을 아끼지 않았던 것은 가족사의 아픔이 마음을 들쑤셨는지 도 모르겠다.

풀이 눕는다 / 비를 몰아오는 동풍에 나부껴 / 풀이 눕고 / 드디어 울었다 / 날이 흐려서 더 울다가 / 다시 누었다.// 풀이 눕는다 / 바람보다 더 빨리 눕는다 /바람보다 더 빨리 울고 / 바람보다 먼저 일어난다

- 김수영 「풀」 1연 2연

껍데기는 가라. / 4월도 알맹이만 남고 / 껍데기는 가라 // 껍데기는 가라 / 동학년東學年 곰나루의, 그 아우성만 살고 / 껍데기는 가라 // -중략- 껍데기는 가라 / 한라에서 백두까지 / 향그러운 흙가슴만 남고 / 그, 모오든 쇠붙이는 가라

- 신동엽 「껍데기는 가라」 중에서

4월 26일 이승만 정권이 무너지던 날. 계엄령이 선포되고 중앙청 앞 도로는 바리케이드를 이중 삼중으로 쳐놓고 완전무장한 군인들이 가로막고 있었다. 중앙청과 국회의사당 거리가 약 2Km나 될까. 대학생, 시민, 국회의원, 교수 등 시위 군중들로 꽉 차버렸다. 시위대가 밀고 밀리고 풀이 눕고 울고 일어서고 하다 결국 바람이 죽었다. 내가 어느 틈에 있는지도 몰랐다. 시위대가 바리케이드가 있는 곳에서 군인더러 당신은 대한민국 국민이 아닌가 하면서 바리케이드를 철거해버려도 보고만 있는 것을 보고 들었다. 시위대의 맨 앞에서 행동했던 것 같다. 군중은 중앙청 앞 광장에 운집했다. 대통령이 하야 성명을 했는데 믿을 수 없으니 학생 대표가 직접 하라는 것이다. 학생대표가 하야 성명을 발표하자 자유와 민주를 쟁취한 불길과 함성은 천지를 뒤흔들었다. 근처에 있는 파출소는 훨훨 불길로 타오르고 탱크 위에서 눈물과 함성은 한 편의 드라마였다.

   초원의 빛
   꽃의 영광
   영욕의 불꽃
   세월은 가고 탐욕은 지고 있다
   슬퍼하지 말라

그것이 원초적인 생명인 것을

- 「일몰」

   나는 고향을 사랑했다. 남달리 농토에 애착을 갖고 흙을 사랑했던 것은 아마도 이무영의 흙의 문학의 결정판인 농민을 읽은 탓인가도 싶다. 토호들의 가련한 희생물로서 갖은 수탈과 학대를 당해온 비천한 농민들에 대한 애정과 소박한 순정과 인내 그리고 경제적 곤란을 극복해보려는 몸부림, 양반들에 대한 반항적 투지까지도 나를 매혹했는지도 모른다. 그러나 나는 고향을 떠나야했다. 역사의 질곡 속에서 북쪽으로만 가는 기찻길이 응어리를 풀어줄 표상이라 생각했다.

   누이야 보았는가
   몇 개의 나뭇잎이 떨고 있는
   실가지 사이로
   쌀랑쌀랑 바람에 스치는
   또렷하게 반짝이는 푸른 별 하나

   한 세상 설움 같은 것은 별 것 아니라고
   끼르륵끼르륵
   노을길 가르며
   말갛게 울고 간 삶의 흔적들
   오늘따라 왜 저리 아름다운지

북쪽으로 가면 한 송이의 풀꽃이나 피어있으려나 했던 실낱같은 꿈이 이루어지려는가?

형의 동창이었던 아주머니께서 초등학교 3학년인 자기 아들의 공부를 도와달라는 것이다. 그 당시에는 명문대생들도 가정교사 구하기가 참으로 어려운 시기이었다. 청계천에 판자촌이 즐비한 우리나라 현실이었으니 말이다. 듣는 말에 의하면 아주머니도 월반할 정도로 공부를 잘했고 같은 반인 형도 잘했기에 그 덕이 아닌가도 생각한다. 1년간 이 학생과 생활하였는데 보수도 제대로 줄 수 있는 형편이 못 된다면서 서울대 사범대 부속초교 5학년 학생 가정교사를 알선해 주면서 내 고향을 대전이라고 속인 것이다. 그 당시에 전라도 사람이라면 하숙도 치려고 하지 안 했다. 믿음이 없다는 것이다. 왜 그렇게 차별받게 되었는지, 여순사건 때문인지? 지금껏 의문이 가시지 안 했는데 오늘에서야 풀렸다. 2013년 6월 17일 한겨레신문 프리즘에 그 당시 집권세력이 정치 경쟁자를 제압하기 위해 호남지역 차별이라는 강력한 이데올로기를 사용했기 때문이라는 것이다.

나는 대학을 가야 한다는 생각도 뜻도 없이 그냥 Y.M.C.A와 E.M.I 학원에 다니면서 공부를 했다. 수학은 엄익균 선생, 영어는 안현필 선생에게 배웠다. 62년 초고향 선배님께서 대학진학을 권고하셨다. 그 당시 시골에서 서울로 유학 간다는 것은 상상을 초월한 일이었다. 말만 들어도 울렁이는 상아탑, 푸름이 꽉 찬 캠퍼스가 나를 유혹했다. 저축해 놓은 돈도 조금 있고 하여 대학진학을 결심하게된 것이다. 이 선배님과의 만남은 나의 운명의 지침을 돌려놓았는지도 모른다. 무엇이 되겠다고, 무슨 뜻이 있어서 특히 시인이나 교사를 꿈꾸고 국문과를 택한 것은 아니었다. 다른 분야는 재능도 없고 소년기에 책을 재미있게 읽었기에 그냥 선택한 것인지 아니면 운명 탓인지도 모르겠다.

가정교사로 하루 3시간에 3천 원을 받았는데 62년에 흉년이 들어 식량난으로 하숙을 칠 수 없다고 하기에 학생 어머니께 사정을 말씀드리니 자기 집으로 들어오라는 것이다. 5, 6학년 함께 공부한 후 중학 지원 배치고사 성적이 8등으로 경기여중에 지원할 수 있었다. 그 당시에는 중학교가 명문대 합격이 거의 결정되던 시대다. 경기여중에 지원하고 합격자 발표 날이다. 명문중학 합격자는 일간 신문에 명단이 발표되었는데 석간 동아일보에 김혜자 이름이 또렷하게 있었다. 얼마나 마음이 벅차 무슨 말을 했던가, 버스 타려던 승객이 '저 학생 가정교산가보다' 그 말이 들려 왔다. 이 무렵에 송수권이(공군본부정훈감실근무) 쓴 시나리오 '외인부대촌'이 신봉승 작가의 눈에 들어 계약금 3

천 원을 받고 영화제작을 하기로 결정이 되었는데 상영하던 영화 실패로 빛을 보지 못한 아쉬운 일도 있었다. 그 3천 원으로 영화를 보고 여왕봉이란 다방에서 커피를 마신 날이다. 이 학생의 명문중 합격은 나에게도 큰 행운이라 할 수 있다. 학업을 계속하기 위해선 아르바이트가 절대적으로 필요했기 때문이다.

  얼마 후에 군대 소집영장이 나에게 전달됐다. 생각할 필요도 없이 그 자리에서 갈기갈기 찢어버렸다. 군대에 가야 할 가치도 의미도 없다고 생각했다. 조국이 나에게 무엇을 주었는가? 왜 내가 조국을 위해 희생해야 하는가? 그런 내 행동에 손톱만큼도 뉘우침도 없었다. 잊어버리고 지낸 지 얼마가 지나갔을까, 서울 검찰청에서 출두통지서가 나왔다. 몇 날 10시에 몇 호 검사에게로 출두하라는 붉은 글씨의 명령서다. 나는 내 인생의 백척간두에 서 있었을까? 그저 덤덤했다. 솔직히 어떤 두려움도 없었다. 검찰하면 초목이 떤다는 시대다. 조선시대에는 사헌부다. 그 당시에는 파출소 앞을 지나가기도 징그러운 시대였다. 아무런 느낌도 없이 출두하니 검사 책상 위에 두툼한 내 신원조회서가 놓여 있었다. 학생신분인지라 내 모습이 짠했던가 낮은 말로 군대에 안간 이유를 묻길래 거짓 대답을 했다. 가겠느냐고 하기에 가겠다고 하니 돌아가라는 것이다. 더는 묻지도 않았다. 내가 한 말을 확인

하기 위해 학생 어머니가 검찰에 나간 적이 있다. 참으로 고마운 분이다. 근 10년의 서울 생활 나를 도와주신 두 분의 아주머니를 50여 년이 지난 지금도 잊을 수가 없다.

작열한 햇빛 아래서 마음껏 젊음을 구가하는 건강하고 발랄한 그런 시절이 나에겐 없었다. 낭만 그것도 나와는 별로 인연이 없었다. 그러나 양지바른 화단의 꽃만이 꽃이 아니라 그늘진 바위 틈바귀에서 고개를 치켜든 들꽃, 거기에도 청춘은 있고 낭만도 있었으리라. 살벌하고 기름기 없는 음지의 삶을 살면서도 마음에 긴장을 푸는 즐거움은 있었다. 뜻을 같이한 학우들끼리 '광장'이란 동인지를 펴내고, '25시' 동인을 결성하고, 시공관에서 시화전도 열고, 몇 편의 시를 들고 조지훈, 박재삼 시인의 집을 찾아가 꿈을 키우고, 외로움을 달래고 인생을 이야기 하는 사랑하는 사람도 있었다. 끝내 사랑의 불길로 육신을 태워버리려 했던 어리석음도 이었지만… 그렇다고 페시미스트(pessimist)는 아니었다.

도봉산 깊은 밤 나를 덮고 있는 구름이 눈물인 줄을 별을 보고 난 후에야 알았다. 대학 2학년 때 늦은 도봉 가을산이 토해낸 서러운 노을길을 가르며 북쪽으로 날아가는 갈매기를 보듬고 살아온 허물 태워버리고 갔으면 좋겠다고 생각한 슬픈 그런 날이 있었다. 어둠이 깊어가는 밤 음력 시월 추위는 살갗을 파고들고 이승의 고개를 넘으려고 하는데 낮이나 밤이나 살아온 너무나 많은 것들이 떠도는 구름처럼 모였다가 흩어지곤 하였다. 뼛속 깊이 사무쳐 오는 내 영혼의 어리석음이라든지 슬픔이 일찍 홀로된 어머니 생각에 눈에 뜨거운 것이 핑 돌기도 했다.

밤은 깊어 승냥이도 잠이 들고 우리도 이승과 저승의 고개를 베개로 깊은 잠에 빠져들었다. 얼마간의 시간이 흘렀는지 고개를 들어 하늘을 보니 북극성만이 반짝이고 있었다. 꿈길 같았다. '하느님도 우리를 받아 주지 않는구나' 우영이의 애절한 목소리 '내 운명도 네 운명도 피를 흘리면서까지 어찌할 수 없다' 우리는 새로운 눈을 떴다. 성당엘 갔다. 그냥 눈물이 흘렀다. 터져 나온 눈물은 그냥 상처였다. 나의 삶은 껍데기일까, 그림자일까, 흔적 없이 흘러간 구름일까? 내 행동은 사랑의 불길이 아닌 내 슬픈 운명 때문이란 생각도 들었다. 일가친척 하나 없는 허허한 서울에서 내 뜻도 적은 몸뚱아리 하나 내 힘으로 이끌어 갈 수 없어 몇날을 보내고 있는 어느 모질게도 추운 겨울, 모였다가 흩어지는 먹구름 사이로 빤짝빤짝 빛난 그 별! 내 슬픔과 어리석음을 눌러 죽일 수 있는 힘이 되어 삶의 앙금으로 뼛속 깊이 가라앉았다.

외우의 한 마디 말, "너 언덕에 풀꽃 한 송이 꺾어 던져 놓고 잘 갔다 이놈아, 이 서러운 세상 말이다." 그 말이 그때는 왜 그리 감미로운지.

그 후 나는 장돌뱅이처럼 살았다. 세상과 사람이 나를 버려도 나는 버리지 않았다. 산너머 산이 있고 깊은 강물이 흘러도 눈바람 속에서 귓밥에 붉은 물이 고이고 손가락 마디마디에 피가 돌지 않아도 얼음장 밑에 있는 찬란한 보석이 아니라 무엇이 되고 싶었다. 그냥 무엇 되기 위해 살아보고 싶었다.

내 인생의 흐릿한 모습 속에 언제나 지워지지 않는 눈썹달(雨影:빗속에서도 그림자 되어 함께한다는 뜻)만 서산머리에 걸려 있고 무명 치마 적삼에 바디집 딸각딸각 울음소리만 내 가슴 속에 흐르고 있었다. 깊은 잠에서 깨어나 층층 절벽 길을 잃고 이끼 낀 계곡을 물길 따라 내려오다 웅덩이에 주저앉아 잠들었을 때 아가 춥지 않으냐 하시며 이불을 덮어 주신 꿈길 같은 사랑! 저승에서도 자식만을 위해 애태우신 어머니께 따뜻한 곰국 한 그릇 받혀드리지 못했던 업장을 녹인 눈물이 지금은 너무 멀어 한으로 가라앉아 나와 함께 살아가고 있다.

-「꿈꾸는 그림자」

1964년 한일협정 비준반대시위가 서울 전 대학에서 일어났다. 국문과 K란 학생이 이미 대모 깃발을 준비해 놓았던 것이다. 대학 본관에서 방송으로 알리니 삽시간에 수백 명의 학생들이 모여들어 중앙청 앞 광장에 진입하였다. 서울 각 대학에서 모여든 수많은 학생들은 어둠은 짙어가고 보슬비는 내려도 타오른 불길

속에서 애국가를 부르고 아리랑을 부르고 비준 반대를 외쳤다. 데모는 정의로움도, 한풀이도, 낭만도 있다는 것을 알았다. 나는 4·19 때와는 달리 뚜렷한 시국관도 없이 동참했다는 것이 솔직한 나의 마음이다. 한국 역사에 또렷이 기록된 학생 6·3 운동이다. 서울 전 대학에 휴교령이 내려졌다. 대학은 중간고사 없이 8월 말경 기말고사 한 번으로 학기가 끝난 변칙적인 학사운영을 한 것이다. 한·일협 정은 65년 6월 22일에 체결되었다. 가을 학기가 시작되고 협정이 체결될 때까지 시위는 전국 고등학교까지 번져 치열하게 전개되었으나 나는 군생활 중이라 시국과는 멀리 있었다.

민족의 비애를 삼키듯
있다가도 없는 듯
실낱같이 살아온 버들아
모가지가 잘려버린 너의 성城에
살이 돋고 잔뼈가 굵어
타오른 전쟁처럼
눈물과 환희의 연합을 만들어
둥그렇게 솟아오르는 보름달 같은 너의 성
끝내 터지는 바람을 내민 너의 살갗이여

졌다가도 피어난 불멸의 버들아
아무런 까닭 없이

> 뭇사람을 보내고 또 기다리는가
> 슬픔을 미소 짓고 허무러져 버린 생명체
> 시방은 민족의 성지
> 또 얼마나 밤중을 빌어
> 예지의 칼날을 번득이고 있는가
>
> - 「버들아」 전문

나는 학기말시험을 한 과목을 보지 않은 채 학우들에게 말 한마디 없이 8월 31일 군에 지원 입대했다. 64년 9월 7일 ****951이란 군번을 달고 논산 훈련소에서 6주간 신병 훈련을 받았다. 그때 향도를 맡았는데 얼마나 고달프고 모질었던고 이러니까 탈영을 생각하는구나 하는 마음이 들기도 했다. 훈련이 끝날 때쯤 간단한 시험을 보더니 경기도 병무청으로 배속되었다. 마음이 흐뭇했다. 사랑하는 사람이 있고 서울만이 미래의 희망이라고 생각했기 때문이다.

2학기가 시작되었지만 말도 없이 사라진 오재동은 나타나지 않았다. 마음을 나눴던 학우는 나를 영원히 만날 수 없을 것이라는 생각이 들기도 했다는 것이다. 그런 시대였으니까 말이다. 병무청 생활은 자유로웠다. 영내 생활을 하든 출퇴근을 하든 자유였다. 이때 인천신문에 '나목'과 '밀실'이란 시도 독자란에 발표하기도 했다. 시가 발표되면 문학소녀에게서 편지가 오기도 한 시대였다. 낭만의 시대라고나 할까? 얼굴도 모르면서 사랑의 펜팔도 주고받는 시대였으니 말이다.

  한 방울 두 방울 비는 내리고, 늦가을 싸늘한 바람에 낙엽이 죽음처럼 구르는 늦은 오후 그토록 사랑했고 보고 싶던 삶과 죽음을 같이 했던 雨影이를 종로 3가 종묘에서 만났다. 군대생활 첫 나들이다. Y대 사학과 학생으로 미래를 약속했던 사이다. 그런데 헤어지자는 것이다. 훈련소에서 선임병이 보낸 편지의 오해 때문이다. 그것은 오해라고 우리의 사랑이 이것밖에 안되냐고 묻고 또 물었다. 그러나 허사였다. 어느덧 시간은 흘러 부대에 들어가야 할 시간이다. 우리는 서로 등 돌리고 아무도 밟아보지 않은 낙엽을 밟으며 걸었다. 죽은 사람에 대해 슬퍼하는 것보다 더 슬픈 일은 사랑한 사람과 헤어지는 것이란 것도 알았다. 그는 나의 고독도 달래주었고 감정을 숨길 수 있는 인내도 길러주었으며 인생이 어떤 대가를 받고 이해해야만 하는 것이 아니라 그것이 무엇이든 최선을 다해 산다는 도덕적 진리도 일깨워 주었다. 명동 성모마리아상 앞에서 영원한 사랑의 기도도 했다. 그런들 어쩌랴, "나 보기가 역겨워 가실 때에는 말없이 고이 보내드리오리다." 소월이 있듯이 가겠다는 사랑은 원점으로 결코 돌아올 수 없다는 진리도 알고 있기에 이별의 아픔도 슬픔도 흘러간 세월에 맡겨버렸다. 지금은 옛 그림자로 남아 있을 뿐이다.

그 시절 그 사람은
떠나고 없지만
내 가슴 무늬 속에
꽃다운 입술 남아 있네

봄 여름 가을
세월은 흘러가고
눈은 푹푹 내리고
카바이드 등불 너머
맑디맑은 소주잔 속에
포름한 그대 아미 반갑다 웃네

가을 공원 벤치
그대 앉은 자리 텅 비었지만
이름은 남아 있네
바람 불고 꽃은 시들고
나뭇잎 구르다 흙이 되면
나그네 길 떠나듯
노을 비낀 길 외로이 걸어가며
청솔 맑은 연기나 흘려보내야 하리

- 「세월은 가고」 전문

    인천 병무청에서 1년 정도 근무하고 서울 삼각지 육군본부 조달감실로 전출되었다. 그때 나의 직책은 감찰감실에서 파견 나온 감찰관을 보좌하는 일이었다. 조달감실에는 서울분실, 대구분실, 부산분실이 있는데 나는 부산분실로 파견된 것이다. 근무는 본부에서 했기 때문에 출퇴근이 가능했다. 경기여중에 합격했다는 동생 가정교사를 했다. 이등병으로 누구도 누릴 수 없는 특혜였다. 내 소년 시절 눈길 마주친 앞산 여우가 돌아 봐준 덕일까? 그 집이 인왕산 아래로 이사를 했는데 큰 부자였던 것 같다. 정원은 푸른 잔디가 깔리고 농구대가 있고 풀장이 있는가 하면 숲 속에는 물레방아가 돌아가고 있었다. 나에게 보수를 만 오천 원을 주었으니 대단한 돈이었다. 그 당시 공무원의 봉급이 칠천 원 정도였으니 말이다. 여름방학이 되었다. 나는 군대생활로 낮에 학생을 가르칠 선생이 필요했다. 신문 가정교사 구직란에서 명문 여고를 졸업하고 명문대학 원예과에 재학하고 있는 여학생을 선택했다.

 계절이 순환을 거듭하듯 우리 인생도 마찬가지다. 인왕산 위로 산책하고 있는 구름을 바라보고 있노라면 무엇에 홀린 듯 진한 울림소리도 듣는다. 인생이란 어떻게 보면 영원히 고독한 것만도 아니고 아무도 나를 이해해 주지 않은 것만도 아니다. 예기할 수 없는 일들도 많이 일어난다. 우리는 서로 눈길을 주고받는 사이가 되었다. 나는 그에게서 올바른 양심의 소리를 들었고 생활방식이나 사고하고 욕구하는 올바른 태도에 나 자신을 맡겨버렸다.

누가 보냈을까
무게 없는 구름을 타고
빗방울같이 알몸으로 와
이른 아침
풀섶에 나앉은
맑디맑은 우리들의 사랑

 어느덧 세월은 흘러 군 생활 3년을 끝내고 대학에 복학도 했다. 법정 스님은 사람이 살아가면서 만나고 헤어지는 모든 일은 인연이라 했는데 서울 삼각지 전철역사에 나의 시 '아, 이 한 경치 속에'가 게시되어 있다니 이것도 40여 년이 지난 세월과의 만남의 인연인가?

흰 눈발이 치는 날 썩은 고목 가지 위에
누가 서서 줄을 돌리는지 홍매紅梅 붉은
꽃잎들이 팔짝팔짝 줄을 넘는다

아랫도리에서 윗도리로 줄은 넘는 꽃잎들
핏물보다 고운 빛깔로
저희들끼리 뺨 부비며 속삭인다

윙윙 참벌 떼 날으듯
아픈 혈맥 공중에 뻗는
아, 이 한 경치 속에
누가 자꾸 줄을 돌리는

줄은 넘어 쏟아진 불티들
흰 눈 속에 떠서 간다

눈보라 속 알 수 없는 힘들이
한 줄 넘고 두 줄 넘고
자꾸만 줄은 넘는다

- 「아, 이 한 경치 속에」 전문
*중앙일보 연재, 한국의 좋은 시 78편

  대학을 졸업하고 무엇이 되겠다는 확실한 길을 결정하지 못했을 때 종로 2가 인사동 골목에 큰 화재가 발생했다. 사람과 차들은 통제되었다. 그런데 깃발을 단 지프차 한 대는 거침없이 들어가는 것이었다. 신문사 차였다. 그때 아, 저것이다. 내가 가야 할 길은 저 길이다. 프로스트는 인생이 가는 길에는 두 갈래 길이 있다고 노래했지만 나는 오직 저 한 길, 내 인생에 숙명적으로 가야 하는길이라 생각했다. 고려대학 신방과로 옮기려고 편입학시험을 봤다. 실패했다. 기자 시험과목은 국어 영어 상식 논문(작문) 4과목이다. 나에게 제일 큰 문제가 영어였다. 문학도 시도 학교 공부도 아르바이트도 모든 것을 다 접었다. 동대문 창신동 달동네 판잣집에 우거를 마련했다. 거기는 화장실도 물 긷는 것도 나래비 서는 하늘과 땅이 맞닿는 달동네다. 미당은 '가난이야 한낱 남루에 지나지 않는다'

했지만 나는 거기서 김동인의 '감자'의 주인공 복녀의 삶을 보았다.

언제 배 따순 날이 있을까?
100℃ 황토밭에
쓰러질 듯 쓰러질 듯
실낱같은 목숨들

강물은 거슬러 흐르고
어쩌랴
치면 칠수록
납작납작 엎드려
지근지근
눈물 적시며 돌아야 하리

산야에 들꽃은 울어도
넘어질 듯 넘어질 듯
그렇게라도 돌아야 하느니라
하나 밖에 없는 목숨들

- 「팽이」 전문

나는 가난 속에서 학교생활을 했다. 가난했기에 나는 고독했다. 고독에서 일어나는 어떤 생명의 확신은 나의 삶을 살찌게 했고 최선을 다해 산다는 신념, 사랑할 수 있는 힘도 길러주었다. 눈길 어둑한 나이에 곰곰이 생각해보니 가난과 고독과 사랑이 없었다면 과연 내 인생의 빛깔과 향기가 우러나올 수 있을까? 하는 생각도 해보면서 내가 살아온 삶이 참 아름다웠구나 하는 생각이 들기도 한다. 허사가 아닌 Innermost에서 나온 진심이다.

> 척박한 땅에 뿌리 내리고
> 밑동부터 가닥가닥 꼬이면서
> 바지랑대를 타고 올라
> 허공 가득한 겨울바람 잦아들면
> 헝클어지면서 피어난 꽃 왜 저리 향기로운가를
> 모르는 사람과는 인생을 말하지 말아라
> 해 뜨는 간척지에서
> 흔들고 흔들리면서 키우는 우리들의 꿈
> 저 등꽃 줄기에게 물어보아라
> 그 길이 있다면 어디에 있는가를
>
> - 「등꽃」 전문

영어전문학원 코리아 헤럴드신문사에 수강신청을 했다. 과목은 모음의 단편 suming up. moon and sixpence. 월간 digest 그리고 영작문이었다. 하루 3시간 강의 듣고 영어신문 사설 공부 등 아무튼 나의 시간을 여기에 매달았다. 늦게 귀가한 정월 보름날 밤 골목길을 오르는데 흘러나온 냄새가 왜 그리 향기로운지, 희미한 달빛 아래서 "모가지가 길어서 슬픈 짐승처럼" 멍하니 먼 고향 하늘을 바라보았다.

    풀린 눈동자는 시선 없이 바라본다.
    싸락눈이 내린다
    달동네 헉헉 오른 깔끄막길
    흐릿한 가로등불 속으로 피라미떼가 몰려온다
    허름한 해장국집에서 보글보글 똥창 끓는 냄새가
    호흡기를 달고 두드러기처럼 온몸에 번진다
    흘러간 시간 속에서 눈은 길을 지우고 있다

    쫓기듯 튀어나온 생쥐가 쏜살같이 지나간다
    봄은 얼음장 밑에 묶여 있어도
    나는 눈 속에서 산수유꽃을 보았다
    흔들리는 나의 꿈
    이 막장을 뚫고 가면 빨간 산다화 한 송이라도 피어 있으려나?

                                        - 「꿈」 전문

    드디어 입사 시험이 시작되었다. 동아일보 기자시험이 중앙 고등학교에서 9시에 시작 4시에 끝났는데 역시 영어였다. 좀 위안이 되었던 것은 '영어만은 자신이 있었는데 어려웠다'는 어느 수험생의 말이다. 논문

〈작문〉의 제목은 山이었다. 나는 산의 다양성과 바다의 단조로움을 비교하면서 썼다. 상식(시사)과 국어는 별것이 아니었다. 기다리고 있던 신희와 명동 초원다방에서 커피를 마시면서 영화 '태양은 외로워' '콰이강의 다리' 등 전쟁과 사랑을 주제로 시간을 보냈다.

저렇게 조용한 숨결 속에
시계에 갇혀 있는 얼굴이
내 안으로 또록또록 들어오는 것을 보았는데
갑자기 사라져버리는 영혼의 울음소리

세월이 가면
슬픔도 추억으로 돋아나고
길가에 풀꽃도 머리에 앉으면
그리움으로 피어나는가

　동아일보 합격자에 내 수험번호는 없었다. 한국일보에 응시했다. 마음이 초조했던가. 영어시험 문제를 끝까지 읽어보지 않은 탓에 우리말로 번역 놓고 보니, A란 사람이 외국 여행을 갔다가 지금 서울역에 도착했는데 시민공관에 가서 여행담을 말하려고 한다. 그 여행담을 영작하라는 문제였다. 서울신문. 조선일보 오리알이 되어버렸다. 그 당시 문리대생들이 갈 수 있는 길은 신문사와 교사길 밖에 없었다. 언론고시란 말까지 있었는데 내 실력으로는 당연한 결과였다. 대학 때는 교사의 길은 생각해본 적도 없었다. 교사가 싫어서가 아니었을 것이다. 조선일보에 공비(共匪)를 한자로 쓰라는 문제가 출제되었는데 그 당시 시대상을 엿볼 수 있다. 왜 이렇게 이 길에 집착했을까. 나의 운명이란 말 외에 달리 할 말이 없다. 나를 격려해준 학우들에게 미안했다. 선데이 서울이란 주간지가 있었는데 면접에 불응했고 월간 현대 한국보도사 문화부 수습기자로 입사했다. 1년 만에 사표를 내고 찾아간 곳이 김대중 총재 비서실이다. 며칠 후에 충남 당진 B중학교 교사로 가라는 것이다. 망설이고 있던 차에 대학 주임교수께서 여수상고에 국어교사 추천이 왔으니 집도 고흥이고 하니 그곳에서 근무하다 서울에 자리가 나면 옮기도록 하라는 것이다. 그 당시는 중등학교 교사되기도 참으로 어려운 시대였다. 이미 졸업해 버린 나에게 고마운 마음이라 하지 않을 수 없다. 그것이내 30여 년 동안 교사 생활의 시작이고 삶이 되어버렸다. 그때 마음을 주고받고 지내던 학우가 네가 전라도 끝머리까지 갈 줄은 몰랐다는 농담 아닌 농담도 했고, 4여년 동안 내 삶에 행복과 즐거움을 주고 꿈을 키워줬던 신희와 영원한 이별이 되어버렸는지도 모른다. 그는 K대 농대를 졸업하고 수원 농업진흥원에 근무하고 있었는데 광주에 교사 자리만 있다면 옮기고 싶다고도 했다. 낙원동 스카라극장에서 '스잔나'를 함께 보면서 시한부 슬픈 운명에 흘리던 그 눈물이 그 후 꼭 한 번도 만날 수 없는 이별의 눈물이 되어버렸다. 타오른 전쟁의 불꽃보다 더 고운 사랑이 이렇게 끝날 줄이야 누가 알았으랴?

    이렇게 눈이 펑펑 내린 밤에는
    타오른 불길처럼
    나는 왜 이렇게 소주가 먹고 싶을까
    그해 겨울은 눈도 참 많이 내렸다
    충무로 진고개 넘어가는 길목에
    눈바람 싸늘하고 삶이 서러운 포장마차
    카바이드 등불은 이승과 저승을 넘나들고
    한 잔의 술을 들고
    모니카비티의 사랑이야기를 들으며 떠나간 세 발 의자에
    우리도 그와 같이 앉아 심장처럼 향기로운 오뎅국물
    토닥토닥 익어가던 실오리 같은 참새다리에
    은피라미떼인 듯 눈은 마알간 소주잔 속에서 팔랑거리고
    앵도꽃 피면 대추에 햇밤 담아놓고 우리들의 사랑 꿰매자던
    천 년 세월에도 닳지 않을 어설픈 사랑 이야기

    세월은 가고 인생은 저물어도
    생가시처럼 목에 걸린
    소주잔 같은 맑디맑은 세월이여
    지금은 너무 멀어 소주잔 속에서만 출렁거린

앉을 수도 없는 눈물겹도록 발이 시린 세 발 의자여

- 「포장마차」전문

　서울로 학교를 옮겨보려고 70년대 날은 새도 떨어뜨린다는 공화당 사무총장, 야당 부총재에게 까지 찾아간 적이 있으나 허사였다. 생각해보면 참으로 어리석은 짓이었다.
　결혼이란 운명 아니면 인연인가보다. 71년 4월 5일 결혼을 하고 교감과 사소한 충돌이 있어 교장의 만류도 듣지 않고 무역회사에 취직됐다고 하면서 6월 4일 날 사표를 내버렸다. 근 1년 동안 광주로 이사하여 술로 세월을 보냈다. 참 쓰라린 신혼 생활이었다. 72년 전남순위고사에 합격하고 낙방한 친구 따라 전북 고사에 응시해 7위로 합격했다. 첫 발령지가 전남은 고흥 도양중학교, 전북은 무주구천동 설천중학교로 발령이 났다. 왜인지 고향인 도양중학은 마음이 내키지 안 했다. 라·제 통문이 있는 곳 설천중학교를 선택했다. 그 당시는 관광지가 아닌 전북, 충북, 경남 3도 학생이 모인 산골 오지였다. 겨울바람에 돌맹이가 난다는 말이 있기도 한 곳이다. 학생들은 참으로 순박했다. 그때 설천고등학교가 설립되었는데 내가 작사하는 것이 교가로 선택되기도 했다. 개교기념일 날 시화전도 하고 전국 고전경시대회에서 설천중 학생이 도에서 최우수상을 받았다. 지도교사 표창을 받게 되었는데 필요한 선생께 양보했다. 세월 간줄 모르던 어느 날 갑자기 고향이 그리워졌다. 너무나 멀리 와버린 이방인 같은 슬픈 마음이 들었다.

잎새들 그득 모아 바람의 결을 풀고
즈믄 뜰 노를 젓는
四月, 그 붉은 가슴
타관 땅
문풍지 새로 밤새 눈귀 밝히나.

절산宅 작은 기침 울빗장 죄다 걸고
골골이 맑은 음색
몇 됫박 기척인데
속 품은
사연이 겨워 달이달이 뜨노니…

웃녘山 얼레 날고 돌쇠가 떠나던 날
말을 할까 이슬 듣는
미쁜 해 우리 사랑
골방에
펼쳐든 수틀 눈이 펑펑 내리네

- 「운암리 시편」 전문

* 이 시는 학술논문집 2012년 여름호(제 79호) p.218~p.218)활용 횟

수 36회로 동국대학 외 88 곳 도서관에 있음. 한국대표명시선 1992년 수록 청화 p.63

   원광대학원에 적을 두면 원광대학에 출강할 수 있게 해준다는 장학사의 말도 내 마음을 잡을 수는 없었다. 전남으로 전보될 수 없다는 장학사의 완고한 말도 무시하고 힘 있는 정치인에게 부탁해서 넘어온 탓인가 전라북도 끝머리에서 전라남도 끝머리 나로도 섬 중에 또 섬 백양중학으로 전보되었다. 2살 된 첫 아이를 안고 세간 보따리 들고 뱃길 따라 가는 아내의 마음이 어떠했겠는가? 1년 만에 고흥 흥양 고등학교로 옮겨 2년 근무하고 또 녹동고등학교로 옮겼다. 무엇에 홀린 듯, 한 학교에 오래 있지를 못했다. 흥양고등학교 근무할 때 평생을 홀로 사신 어머니께서 세상을 뜨셨다. 부음을 듣고 멍멍했다. 홀연히 돌아가신 것이다. 시신을 보자 눈물이 났다. 소리 내어 울었다. 아니 우는 것이 아니라 내 가슴 속 가장 깊은 곳에서 물처럼 피처럼 서러움이 터져 흐른 것이다. 어머니! 그렇게 한 번 불러보지 못한 탓만은 아니었을 것이다. 아슬아슬 살아온 내 삶의 아픔 때문이었는지도 모른다.

   길아
   오천 년을 어머니 등 뒤에서
   흐르던 길아.
   딸각딸각

오늘은 한 마장쯤 가고
내일은 두 마장쯤 가고

길은 길어 비틀어진 길
최활로 잡아주고
더러는 패인 웅덩이 물 고이고
쑥국새 울음 빠져들던 길아

딸각딸각
오늘은 한 마장쯤 가고
내일은 두 마장쯤 가고

가다보면
낮달이 질편히 엎어져
울기도 하던 길아

- 「베짜기」 전문

* 이 시는 1992년 청화 출판사 발행 한국대표명시선 p.163에 있음

  딸각딸각 살다간 어머니의 모진 삶이다. 이 시대에 어느 어머니인들 이런 삶을 살지 안았겠는가마는 내 어머니는 남다른 피맺힌 삶을 살다가셨다. 지금은 하늘의 별빛 되어 반짝이고 계실 것이다.
  녹동고등학교 3년째 되던 3월 초 학교에 소요사태가 있었다. 나와는 아무런 관계없는 학생과에서 학생

들 삭발 문제로 일부 학생들이 많은 기물을 파괴해 교장 업무가 정지되고 장학사가 교장 대행이 되고 고흥 경찰서에서 수사를 착수한 것이다. 학생들 수사과정에서 소요 원인을 3년 국어교과 선생을 오재동 선생으로 바꿔달라고 해도 바꿔주지 않는다는 것이다. 이 당시 교사들의 감정은 양분되어 있었다. 나에 대한 교사의 모함도 있었다. 수사관은 교장실에서 학생들을 불러놓고 나에 대한 실상을 캐묻고, 내가 사는 곳 주민들에게도 조사를 했다. 조사를 끝내고 교무실에서 "오재동 선생 참 좋은 선생이구만" 하는 말을 내가 직접 들었다. 튀어나온 돌이 정 맞는다는 속담이 이럴 때를 두고 하는 말인 듯했다. 여순사건과 관련 시킬 수 있는 아슬아슬한 나의 인생 문제였다.

잠 못 이루는 깊은 밤에
어설픈 인생을 끌어안고
절망하며 울었다
어둠이 꽃뱀처럼 눈을 뜨는 새벽녘
깊고 깊은 어둑한 골방에서
무자비한 말과 행동에 대해
죽음처럼 울었다.

그런들 어쩌랴, 들불처럼 번지던 일들이 꺼져 갈 즈음 서울 주요 일간 신문에 크게 보도돼버렸다. 4월

1일 자로 오재동은 완도교육청으로 S선생 외 1명은 진도 교육청으로 전보 조치된 것이다. 완도교육청에 가장 외딴 섬으로 보내달라고 부탁을 했는데 한반도 가장 끄트머리 해맑은 날은 한라산이 훤히 보인 소안중학교로 전보되었다. 광주 사립학교 가는 길도 있었지만 교장 선생님께서 내 사정을 벌써 알고 10여 일간 마음 다스리고 오라는 말씀도 고맙고 사립은 내 체질에 맞지도 않고 내 운명으로 생각하고 이 길을 택했다.

완도읍에서 뱃길로 2시간 30분 서울에서는 천리 길, 4월 초라지만 새벽 바닷바람은 귓가에 차갑고 애들을 바라보는 엄마의 마음과 나의 마음은 어떠했을까? 다른 사람은 승진을 위해 웃는 낯으로 간다지만 나는 역모의 죄인으로 끌려간 그런 마음이었다. 그때 내가 홀몸이었더라면 나는 영영 교직을 떠났을지도 모른다.

저기 누워있는 바위처럼 나는
그렇게 살고 싶다
가장 크고 높은 꿈이
유성처럼 부서져 내릴 때
그렇게 침묵한다는 것은
얼마나 아름다운 일인가

생명의 심지가

불꽃처럼 마지막 연소될 때
그렇게 체념한다는 것은
또한 얼마나 아름다운 일인가

길섶에 이는 흙바람에도 울지 않고
스스로 선택한 길이 허무의 눈을 뜰 때
깊게 잠들 줄 아는 그런 멍멍한 바위가 되고 싶다

- 「바위」 전문

  1년 후 가족들은 광주로 이사하고 나는 관사에서 생활했다. 우짖는 새소리도 없는 밤이면 바다에서 들려오는 파도소리는 왜 그리 감미로운지, 또한 수평선 너머 떠오른 아침 햇살은 내 꿈을 휩싸고 도는 것만 같았다. 세월은 서두르지도 법석대지도 않고 흘러가지만 내 인생에 대한 회한과 고독까지는 잠재울 수가 없었다.

  이때 내 인생의 길을 안내해 주신 두 분이 계신다. 한 분은 주기운 선생님이시다. 내 교직의 길을 안내해 주신 장학사님으로 섬 생활 2년째 되던 해 여수로 가고 싶다고 했더니 1년만 더 있으면 광주로 옮길 수 있도록 하겠다고 하셨다. 다음 해 근무지를 광주 전남여고로 옮겨 주시고 그로부터 2년 후 4년이란 섬 점수도 있고 하니 전남대 부속 고등학교로 가서 승진하라는 것이다. 교장 선생님께서도 승낙하셨다. 그런데 나는 그 길을 버렸다. 만남 때문이다. 사람과의 만남 또는 독서와 자연과의 만남을 통해서도 인생의 길이 결정되기도 한다. 김수영은 풀을 만났기 때문에 최고의 서정시 '풀'이란 시를 낳았다. 그런데 나는 사람과의 만남 때문에 그 길을 포기했다. 만남은 좋은 만남이어야 한다는 것도 알았다. 그렇다고 지금 후회한 것은 아니다. 나는 세속에 무던히 둔감한 편이다. 사소한 일이라도 운명으로 돌려버리는 성격이 짙다. 그러나 한 번 버린 인심은 또 버릴 수 있다는 심리도 그 후 알게 됐다. 또 한 분은 외우 송수권 시인님이다.

나는 교직에 들어오면서 시인이 되겠다는 생각을 접었다. 먹고사는 것도 팍팍하고 그 당시 시인이 된다는 것은 나의 시재가 부족하다는 것을 알고 있기 때문이다. 그로부터 많은 세월이 지난 후 송수권 시인의 권유와 영향으로 82년에 불교신문 신춘문예에 당선되고 83년에 현대시학 2회 추천으로 문단에 등단했다. 송수권 시인은 문학에 대한 열정은 가히 광적이고 천재적이다. 그 결과 오늘의 송수권 시인이 있다고 본다. 내가 대학 3학년 때 양주동 박사께서 300여 명이 운집한 대학 강단에서 시성 서정주라 하면서 '국화 옆에서'를 낭독했던 것처럼 나는 시성 송수권이라 하면서 '산문에 기대어'를 낭독하고 싶다. 능청스런 가락, 맑은 시어, 대상을 보는 눈과 상상력, 폭넓은 앎 등은 가히 초월적이다. 대학에서 4년 동안 문학을 공부했고 20여 년 간 광주인문계 고등학교에서 시와 소설을 가르치고 배우고 30여 년 동안 문단활동을 했기에 학자적 논리성은 부족할지 모르지만 박두진의 시 '해'가 광복을 의미한다든지 김소월의 '산유화'에서 기승전결이나 논하는 평자에 버금은 가리라.

 금호 문화재단 후원으로 토요시 낭송회 운영위원, 중앙문단을 부정하고 광주, 부산, 대구, 대전, 강릉, 제주 등 전국지역을 잇는 환촌環村 운동으로 지역문학 무크지 '민족과 지역' 편집위원으로 활동했다. 이런 거대한 문학운동은 송수권 시인이 발기하고 주관했다. 이런 활동에 참여하면서도 나는 광주일보에 칼럼 '광일춘추'를 연재하고, 계절의 시. 월간 예향. 금호문화. 가든, 환희 등에 작품을 발표하기도 했다.

 그리고 현대시학 주간이신 전봉건 선생님께서 현대시 학에 시와 신작 특집란에 저 시를 게재해주시고 특히 남도지역 '시인과의 대답'의 난까지 나에게 맡기셨다. 그 당시에는 문학월간지에 시 한 편 발표하기란 너무나 어려웠다. 월간 문학지는 서울에 현대문학, 자유문학, 문학사상, 한국문학 종합지와 시 전문지로는 시문학, 현대시학, 심상 이 정도다. 땅속에 있는 보석도 캐야만 빛이 나듯 아무리 훌륭한 작품도 지면에 발표해야만 독자가 읽고 즐거움을 갖고 평을 했을 때만이 가치가 있기 때문이다. 전봉건 선생님이 작고하신 후로는 현대시학과도 자연히 멀어지게 되었다. 선생님과 인연이 좀 더 길었더라면 내 문학의 길도 많이 달라졌을 것으로 생각된다. 서울대 병원에 입원해 계실 때 뵌 것이 선생님과 마지막이 되었다.

> 지상에서 가장 아름다운 곳이 어디냐고
> 전봉건 시인에게 물으면
> 평안남도 안주군 동면 명학리라 하더라
> 6.25가 일어나던 해
> 북쪽 사람인 그는 북쪽 사람에게 쫓기고
> 중공군에게 밀려서
> 근 사십 년을 이남에서 사는 동안
> 포신이 높이 선 긴 언덕을
> 기러기 갈갈대며 북쪽으로 넘어갈 때
> 北의 고향이 그립지 않으냐고 물으니
> 동기간에 생이별보다 더 슬픈 일이 무엇이며
> 어릴 때 놀던 동무 지금쯤 무엇이 되었는가
> 바람결에라도 소식 전해달라고
> 살아온 세월보다 더 많은 편지를 띄웠고
> 내 죽기 전에 고향의 강과 숲이, 들과 언덕이 보고 싶어
> 사십 년을 하루 같이 돌아가야 한다는 마음으로
> 한식날 밤과 추석날 밤이면 조상님께 빌고 기도를 드렸지만

돌아가야 한다는 젊은 날의 약속도
결코 성한 육신으로는 돌아갈 수 없는
밤마다 병상 위에 떠도는 北의 고향
무진년 유월 열 사흗날
한 평의 땅으로 돌아가
찬 흙 두 눈에 가득 담으니
한 시인의 혼백으로 살아나
平安南道 安州郡 東面 鳴鶴里
바람 따라 풀잎 타고 돌아가리라 하더라

- 「北의 고향」 전문

  인문계 고등학교 진학반 담임 및 수업을 하면서 광주문협 사무국장 일을 보았고 송수권, 최병우 시인 등 6명과 함께 죽란시사회 동인을 결성하였고, 송수권 시인이 발기한 광주시인협회 창립 회원으로 활동하였다. 어느 회원의 말 "사무국장하고 광주문학상 못 받는 놈은 오재동이 밖에 없을 것이다" 그 때는 흘려들었던 그 말이 지금 새록새록 깊이 있게 떠오른 것은 왜일까? 이것으로 문단 활동을 접고 학생들의 곁으로 돌아왔다. 내가 이런 결정을 하게 된 것은 혼란스런 문단의 생태가 한몫을 하기도 했으리라.

  진한 고통과 고독으로 십자가를 세우라고

역설 같은 진리를 토할 때
육십 개의 입들은 뒤틀리고
초롱한 눈방울은 슬픔이 고인다

눈물 많은 시대의 한복판
가면을 쓴 비겁한 자신을 감추고
복도를 걸을 때 만나는 얼굴들
모르는 낯선 얼굴들만 지나가고
우수로 가려놓은 얼굴의 형체들
차마 부르지 못할 이름 석 자 어금니로 깨물고
터져 오른 고뇌 한 아름 안고 돌아선다

내 하얀 살점을 발라
푸르스름한 형광등 불빛 아래서
세치의 혀로는 다 말할 수 없는
10대의 불안과 40대의 외로움이
한 혈관을 통하기를 노래했다

- 「네가 내가 아니듯」 전문

  이 시대의 교육의 현실은 성적 일등주의 교육이다. 명문대학 많이 합격시키는 학교만이 명문 고교요, 최고의 선생이다. 매월 전국 모의고사를 보면 과목별 학교별 그리고 도별 전국별로 석차를 내서 조회 때 발표를 했다. 학생과 교사를 얼마나 피 말리는 교육인가를 짐작할 수가 있다. 그런들 어쩌랴, 명문대를 가야

만이 취직을 하고 출세를 하니 나도 열심히 가르치고 배웠다. 내가 가르친 국어Ⅱ는 모의고사 결과는 항상 최상위권이었다. 성적 올리는 방법은 지도 방법, 사랑과 열정과 믿음, 교과에 대한 앎이라는 것도 알았다. 교장으로부터 특별금을 받기도 했다. 그러나 윗사람에게 칭찬받기를 바라는 적은 한 번도 없다. 다만 학생들에게 교사로 책임감과 인정받고 싶었을 뿐이다. 3학년(720명) 논술지도는 내가 담당했다. 주제를 주고 쓰게 한 후에 방송을 통해 첨삭지도를 했다. 그때 '정통 대입논술'이란 참고서를 저술하기도 했다. 어디에서 그런 힘이 나왔는지 신기하기만 하다. 세월 가는 줄도 모르고 20여 년 동안 진학반 학생들 속에 묻혀 살다가 광주고등학교에 근무할 때 이런 저런 알량한 자존심 때문에 교직을 떠나야 하겠다는 생각을 굳혔다. 그리고 광주여고로 전보되어 1년 반 만에 훈장도 포기하고 명예퇴직으로 32년 동안 나의 삶과 함께한 교직을 떠났다. 다음 시가 나의 퇴직사의 한 부분이다.

이 세상 어느 모퉁이에 살다
주름진 너의 목에 감기려 했는데
검은 머리에 파도가 일면 반짝이려 했는데
더 걸을 수 없는 인생의 산정에서
목이 타도록 갈구한

하늘아, 들아, 억센 풀아, 사람들아
세상길 돌고 돌아
결국 깃들 수 있는 곳은
토종벌이 잉잉거린 빛깔 고운 패랭이꽃밭.

이제는 아무것도 바랄 수 없는
살아갈 수 있다는 사실만으로도
다행스러운 일
해후의 약속 없음도 슬퍼하지 말아라
지워질래야 지워질 수도 없고
울래야 울어버릴 수만도 없는
우리들의 옛 노래만이
달무리꽃 환한 강가 언덕에
푸른 이끼로 돋아나
모래알처럼 쌓이고 있다

- 「인생의 산정에서」 전문

 퇴직을 하고 문단 생활에 별로 관심 없이 기간제 교사로 지내고 있을 때 한 번의 만남도 없는 문협 회장께서 광주문학상을 받으라는 전화가 왔다. 상보다 마음이 너무나 고마웠다. 그 후로도 한 번도 뵙지 못하다 요즈음은 가끔 출판사에 들리곤 한다.
 다시 문단에 복귀하여 광주문협, 한국문협 이사, 한국현대시인협회 중앙위원, 광주시인협회 자문위원, 부회장, 회장을 역임하고 지금은 한국문인 권익옹호

위원, 산울림동인 창립 및 동인으로 활동하고 있다. 생각지도 안했던 한국문협에서 주관한 한국문학 백년상을 2010년에 받았다. 다음 해에 광주시문학상을 받았다.

  눈길 어둑해지니 더욱 또렷이 보이는 것이 있다. 고향의 하나하나 풍경과 어머니에 대한 그리움이다. 세월의 흐름은 모든 것을 바꾸어 놓는다. 십 년이면 강산도 변한다는데 강산이 여섯 번이나 바뀌었는데 변하지 않는 것이 있겠는가. 인간의 모습과 생활이 변하듯 고향의 모습도 변하였으리라.

  날씨는 바람 한 점 없고 풀잎 하나 나뭇잎 하나 움직이지 않고 마치 바람이 죽어버린 듯 만물이 영원토록 움직이지 않을 작정을 한 듯한 날, 무등산 등성이에 희뿌연 아지랭이가 뭉게뭉게 피어오르고 있는 것을 보고 있노라니 내가 태어나고 소년기를 보낸 고향의 희미한 옛 그림자들이 삼삼히 떠오르며 그리움이 포말처럼 밀려든다.

    하나 둘 별빛이 살아나듯
    간절하게 부르고 싶은 이름이 있어
    돌각담에 피어난 하얀 찔레꽃
    흔적은 없으나 한결같이 고운 사람들
    해는 저물어 갈꽃이 울고 있듯
    눈물겹도록 부르고 싶은 이름이 있어
    고샅길에 피어난 하얀 찔레꽃

순돌이도 복돌이도 막쇠도
필 닐닐 보리피리 불고

언제나 그랬듯이
그렇게 부르고 싶은 이름이 있어
멋스럽게 함부로 피어난 하얀 찔레꽃
나는 몸살을 앓고
온밤 내 서성이고
그런 이야기가
모닥불이 되고
노래가 되고
그리고 시가 되고.
- 「찔레꽃」 전문

뻘기꽃 팔랑거린 내 고향은 늦여름이면 온통 메밀꽃이다. 싱그런 메밀꽃 냄새가 코를 찌르고 암꿩이 알을 품는 전원적인 마을이다. 이효석의 메밀꽃 필 무렵에 허생원의 인생에 꼭 한 번만 있었던 사랑에 못 이겨 방랑하는 인생에 비유할 것도 없이 메밀꽃에서 오는 그리움은 누구보다도 짙다. 첫 여름이면 어머니는 메밀밭을 매시고 나는 밭둑에서 놀면서 자랐다. 메밀꽃에서 오는 향기는 내 문학의 모태가 되었는지도 모르겠다. 하늘빛이 유난히도 서러운 어느 날 어머니는 메밀밭을 가지고 저승으로 가시고 깨알같이 피어난 메밀꽃은 천상의 고운 별빛으로 흐르고 나는 하나 둘 세기도 한다. 어머니 가신지 40여 년 지금도 메밀꽃 사이로 나를 살피고 계실 것이다.

> 팔월 열엿샛날은 어머니 제삿날
> 개울 건너 메밀밭에 달빛이 하얗게 내린 밤이다
> 장독대 우물가에
> 목숨처럼 뿌리내린 늙은 감나무
> 저리 빨갛게 물들어 가는데
> 80 평생 동안 다니던 길 되짚어
> 안산 발치에 누운 우리 어매.
>
> 바디집
> 딸각딸각
> 내 가슴을
> 훑고 간 베틀소리
> 간절한 마음으로 반야심경 소리다
> 해안선을 안고 굴러간 파도소리다
>
>   -「제삿날」전문

어머니! 우주만상은 영겁속에서 순환을 거듭하나 봅니다. 엊그제 파란 봄이더니 무덥던 여름 지나고 어느덧 은행잎 노랗게 물든 가을입니다. 머지않아 눈이 내리겠지요. 그러면 우리 함께 눈사람 만들게요. 얼마

전에 당신과 옛집에 가서 당신이 심어 놓은 밤나무를 안아보았습니다. 두 팔로 다 안을 수가 없었습니다. 어머니의 사랑인가 봅니다.

    보릿고개에서 소쩍새 울면
    고놈, 참 능청스럽게 우는구나 하시던
    그 말씀 그리워 옛적에 살던 집 찾아갔습니다
    가난을 물들이는 봄바람에
    삽사리도 떠나고 없는 마당귀에
    노란 장다리꽃이 흔들리고 있었습니다.
    뒤란 어귀에 당신이 심어 놓은 하얀 밤꽃 송이마다
    맺혀 있는 당신의 수척한 얼굴
    지금은 너무 멀어 눈물겹습니다

    빗긴 햇살 설핏하면
    새떼 울음소리는 노을길에 잠기고
    송아지 부르는 어매의 긴 목청은
    오늘도
    밀물처럼 그리움처럼 아득히 들려옵니다

                               - 「밤꽃」 전문

3

접동새

접동새의 슬픔이 이슬에게
슬픔이 나에게
눈
참꽃
별부
깜부기
이슬1
이슬2
흐르는 것이 어디 물뿐이랴
꽃말
산촌에 살고 싶다
그해, 가을
이제 잔을 비우자
망향가
동백꽃 비오는 날
풍장
이슬아

이슬

접동새의 슬픔이 이슬에게

붉은 해는 서산마루를 넘고
샛바람 불고 하늘이 서럽게 운다
접동새 슬피운 서역 삼만리 돌아올 수 없는 먼 길

꽃처럼 피어난 인생의 한가운데
세사의 위선과 시샘에 스러진 슬픈 삶
그립다 그리워 참아 못 잊어
겨울산 그리매에 떠돈
아우래비 접동새의 비운의 혼백
물보래 꽃비오는 풀섶에 이슬방울로 환생해
눈 감아도 보이는 그리운 사람들과
진두강 가람가에 초막 한 채 지어놓고
무주공산 달무리꽃 이고 앉아
엄마야 아빠야 누나들과 살고싶어라
그렇게 살고싶다고 마흔 네 개의 서러운
이슬방울이 아롱아롱 비쳐옵니다

슬픔이 나에게

안고 가기에 버거운 슬픔 있거든
부리고 갈 일이다
부리고 가기에 서러운 사랑 있거든
세월에 맡기고 갈 일이다

아무 말도 하지 말자
우는 듯 웃는 듯한 마음으로
노을빛 타고
냥 느끼기만 하자

슬픔이여
세월이 길손 되어
저만큼 흘러가면
가랑잎처럼 흔들리는 우리들
흔적 없이 떠나야 하니까

눈

빈 하늘 가득하게
무섭도록
눈이 푹푹 내린다
도망치고 싶다 어디론가
三冬, 송이눈 타고

함성처럼 몰려온 눈
너와 나
무슨 인연 이리 많아
그리움
이토록 견뎌내야 하는가

차라리
갈가리 부서지고 싶다
온몸에
올올이 맺힌 설움 벗어던진 채

숨 막혀
너와 나
터져 오른 통증
무슨 죄로
말없이 받아내야 하는가

참꽃

소리도 없이
가을강 잔물결에 오동잎이 진다

초사흘 날
어스름 내린 하늘 길에
발갛게 달아오른 고운 눈썹달

언뜻 보낸 눈짓에
그 인연 떠올리며 길따라 나선다
그길 하도 멀기에 갈꽃과 이야기도 하고
개울가에 앉아서 조약돌에서 비쳐오는
소녀의 서러운 사랑이야기 듣기도하고
솔바람 타고 온 산새의 울음소리 귀동냥 하면서

별 하나 별 둘 손 꼽던
그립구나, 참꽃 같은 얼굴

그래
가버린 길, 뭐 그리 대수냐고
오동잎 진다고 서러워 마라
먼 산
청솔도 눈물 없이 저리 타고 있는데

별부別賦

홀로 남아 우는 늙은 무녀巫女의 설움
여승의 유장悠長한 쾌춤으로도
어떤 청상靑孀의 웃음으로도 달랠 수 없도다

오직 이 새벽의 술을 조금씩 줄여 먹고
묵묵히 앉고 떠는 이 손짓
밤 되면 가요 몇 고개 너머
청청 맑은 대낮의 별부別賦가 되기도 하리로다

죽음의 한 잎 꽃잎 모양 떨어진 만남들
얼레 설레 나부끼며
낮은 베개만 다만 낮게 할 뿐
새는 날 잡목 숲의 만萬밤을 접어 두고
꿈길 낯설게 튼튼한 잠을 들줄 일아야 하리로다

깜부기

어머니는 보리밭에서 깜부기를 뽑고
부풀대로 부푼 봄바람에
삘기꽃 팔랑거린
묏등 잔디밭에 누어
불같은 오직 한 길
그리움으로 쳐다본 하늘
솜털구름은 냇물처럼 흘러가고
꿈꾸는 종달새는 솟구쳐 오르네

쑥국새 쑥국쑥국 울면
먼 길 떠날 꿈을 꾸었어요
살구꽃 필 때도 그랬어요
설레는 가슴 얼마나 아름다웠던가요

세월이 쑥국새 울음소리 거두어 가고
이제 돌아갈 나이에
느닷없이 그리워
쳐다본 푸른 하늘
초롱한 이슬방울만
한 줄기 눈물되어 흘러가네요

이슬1

이슬아 너는 아느냐
너를 만나기 전에는 세상이
이렇게 아름다운 줄도 팔랑팔랑 눈꽃인 줄도 몰랐다
허공에 떠 있는 나에게 눈길을 주었을 때
낯설음이 꽃이 되고 실개울이 돌샘이 되고
눈꽃이 순애보가 되고 산새의 리듬이 노래가 되었다
너는 나의 귀와 눈과 입을 열어놓았다

그러나, 너는
삶의 무게와 슬픈 조각들을 남겨놓고 가버렸다
너가 떠난 후에 나를 잃어버렸다
누구에게 손을 내밀 줄도 받을 줄도 모르는
깊은 산속 외롭게 우는 한 마리 산새가 돼버렸다

이슬 2

그렁그렁한 세월
새벽 닭울음소리에 눈떠
해 저물도록
허공을 가른 빗줄기 같은 햇빛 아래서
콩 감자 수수 어린 것들 어루만지다
느릿느릿 땅거미 내려오면
밤이슬 밟고 돌아온 당신의 발자국 마디마디에서 떨어지는
맑은 이슬방울이 나를 키웠다는 것을
이 나이가 돼서야 알았습니다

뜸북새 울음소리도 끊기고 당신의 생은 저물었어도
당신이 살다간 보리밭 언덕에 종달이 우는 이른 봄날이면
영롱한 빛깔로
텃밭을 파랗게 키우다 나락꽃 떨어지면 스러진 이슬을 보고나서야
당신의 사랑을 알았습니다

누구를 위하여
무엇을 위하여 당신은
아침 이슬로 살아나 풀뿌리를 적시고 들꽃을 말갛게 물들이다
저녁 어스름이 살며시 내려오기 시작하면
서쪽 하늘가에 작은 별로 반짝입니까?

흐르는 것이 어디 물뿐이랴

 까투리 한 마리가 푸드득 갈기 세우며 백두재를 넘더니
 땅거미가 야금야금 마을로 내려옵니다
 청솔 냉갈은 낮은 들판으로 안개처럼 뿌옇게 몰려가고
 서녘 하늘가에는 초승달이 핏빛으로 떠 있습니다.
 그 초승달에서 대숲의 떨림을 보았고
 딸각딸각 바디집 우는 소리도 들었습니다
 이 극진한 떨림과 울음 속에서 한 생은 저물어 갔습니다

 참새들은 떼 몰려 제 집 찾아들고
 서리에 젖은 짚벼눌 같은 외딴 오두막지붕에
 고추가 노을처럼 마지막 빛을 거두어 가고
 마른 감나무 가지에 시리도록 붉은 까치밥이 홀로 떨고 있습니다
 도랑 건너 산골 초가에 가느다란 불빛이 하나 살아납니다
 터 잡고 흙 속에서 살던 낯익은 사람들
 벌써 산비탈로 하나 둘 돌아가 포근히 잠들고 있는데

안간 힘으로 일으켜 세우려는 늙은 할매의 기침 넘어가는 소리가 들려오면
 내 가슴에 허무가 안겨들어 똬리를 틉니다
 뼈가 저리도록
 참, 덧없는 것이 사람 사는 일인 것 같습니다

 초승달 재 넘은지 이미 오래이고
 어둠이 밀려오는 소리도 기억으로부터 차츰차츰 멀어져 갑니다
 늙은 산은 검정 치맛자락을 두르고 수도승처럼 앉아 있습니다.
 어머니,
 어둠이 죽음처럼 밀려와도
 기다림의 끝을 놓지 않고 말하지도 않겠습니다
 거자필반이란 말을 진리라고 믿으면서 하루하루 낡아가겠습니다

꽃 말

어머니
목화송이 따신다더니
산에 가신다고요
바람이 먹구름을 몰고옵니다
소나기 올 것 같으니 곧장 다녀오셔요

고갯길 넘다가 숨차시면
두견이 울음소리 들으며 잠간 쉬다가 오셔요
노을진 골밭에서
어머니와 참깨 털며 쏴쏴 쏟아지던 소리 들으며
기다리고 있을게요

어머니
산에 가신지 반백년이 되었네요
목메인 쑤꾹이 울음소리 메아리 되어
백토재 고개를 넘어 오면
그리워 차마 못잊어
새랖에서 멍하니
저무는 하늘에 노을이 섧네요

어머니 꽃상여 타고 가시던 길
호미자루 묵전밭 무거워 되짚어 못오시면

내일이런가 모레런가
한 세상 한 세월 다하는 날
그 길 따라 꽃말 앞세우고
접동새 울음타고 어머니 계신 곳
훨훨 가겠어요

산촌에서 살고 싶다

떠나고 싶다
벌레 먹은 두리기둥에 거미줄 너울거린 간이역 지나
낮과 밤 산구山鳩의 울음소리 있는 곳으로 떠나고 싶다

막차는 떠나고
어스름 가르고 날아가는 들새 한 마리
가는 곳은 어디일까?

오두막에 심지불 돋아 오르면
부엉새 울음소리 들려오고
산과 산이 마주보고 앉아 있는
솔새가 짹짹거리는
이름 없는 두메로
그만 떠나고 싶다

산밭 일궈 오이 호박에 강냉이 심어놓고
달밤이면 박꽃이 헛간 지붕에 하얗게 피어나는
여우 울음소리 난 산골에서
적막한 계곡의 물소리 들으며
하현달이 지도록 내 좋아하는 산구와
뻐꾹뻐꾹 노래하면서
꽁꽁 숨어 살아도 행복하지 않으리

그해, 가을

내 고향
갈재 넘어 月下 가는 길
서리 찬 왕머루 무리져 익어가고
구절~구절~ 구절초 피어난
가을 속으로 한 줄기 기러기
끼르륵끼르륵 하얗게 떠간다

가을빛 번져
잘 익은 강낭콩 머리에 이고
비단옷날개로 하늘하늘 춤을 춘
고추잠자리
그새 잊을만한 세월이 지났는데도
또렷이 떠 오는 것은
보리피리 언덕에
피지 못한 사랑 하나 묻어두고 온 탓일까?

이제 잔을 비우자

오랜 세월 우리는 서로 사랑했지
밤하늘에 별이 뜨면
카바이드 푸르스름한 불빛 아래서
찰랑이는 술잔을 부딪치고 기도했지
진고개 넘어가는 여왕봉女王峯에 밤은 깊어도
따뜻하게 피어오른 커피를 마시며
이브몽땅 이마의 굵은 주름살을 이야기하며
낭만에 대해 노래했지
그러는 동안에 세월은 흘러가고
풀뿌리가 흙속에 살 섞을 수 있듯이
그렇게 할 수 없음을 안타깝게 생각했지

바람 불고 눈은 내리고
대지에 사르비아꽃은 시들어 떨어지고
추억은 한 톨의 씨앗으로 구르고
우리는 서로 꿈꾸는 세월을 찾아
통증이 티눈처럼 돋아나도
등 돌리고 저만치 떠나갔지

그 길만이 초록빛 세상인 줄 알았는데
잊을만한 세월이 흘러갔는데도
가슴을 훑고 지나가는
들불처럼 번져오는 야릇한 그리움
노을길에 빠뜨리고 간 기러기떼 안주 삼아
이제 그만 잔을 비우자
비운 잔 다시 채운다는 것은 어리석은 일이다

망향가

들아,
푸른 들아
해마다 오월이면
남풍에 하늘거린
벼포기 가지에 앉아
터지도록
뜸북뜸북
그렇게 울고 싶은 마음들이
그리움으로 넘쳐난 푸른 들아

아픈 목발 괴놀 언덕도 없이
뜸부기 한 소절도 울지 않은
침묵하고 있는 들아

헛된 것일까?

세상이 버리고 버린 사람들이
쉬도록 불러본
서러운 망향가

동백꽃 비오는 날

누가 나를 부른다
뱀처럼 빠르고 대포처럼 굵은 소리
그것은 내이름이 아니라
네 이름이다

광란의 검은 발에 의해
선지피 낭자한 너의 육신
어둠에 짓밟힌 영혼
형체도 산산이 날려버린 사랑하는 이슬아
한줄기 무지개 빛
처절한 슬픔인가
서방정토 하늘에서 들려온
귀촉도의 울음소리
먼 여로의 동행의 신호인가

너의 짧은 인생
멀고도 긴 삶의 가장 높은 음을 노래한 눈물인가 추억인가
진달래 꽃비 오면
한 송이 산다화로 피어나리

풍장風葬

동족의 손에 떠밀려 내려와
충정로 뒷골목 층층 계단 다락방에서
30년을 하루 같이 돌아가야 한다고
돌아가야 한다고 돌아가야 한다는
등이 시린 시인이 있다

해와 달과 별은 얼어붙어도
보아야 한다고 보아야 한다고
눈뜨고 보지 못한 시인이 있다
눈감아야 보이는 산이 있고 들이 있고
사람이 있고 하얀 접시꽃이 있다

눈감으니 한 마리 새가 되어
경원선 달리는 첫차를 타고
임진강 물 건너 양주역 지나
풀잎 타고 바람 따라
허기지게 달려간 시인이 있다

강물은 말없이 흐르고
밤새껏 눈이 내린
북의 고향
평안남도 안주군 동면 명학리
산 9번지 텅 빈 마당에
한 송이 수국꽃으로 피어난 시인이 있다

        * 전봉건시인 추모시

이슬아

이 세상 어느 모퉁이에서 살다
주름진 너의 목에 감기려 했는데
검은 머리에 파도가 일면 반짝이려 했는데
더 걸을 수 없는 인생의 산정에서
목이 타도록 갈구한
마을아, 물아, 억센 풀아, 사람들아
세상 길 돌고 돌아
결국 내가 깃들 수 있는 곳은
토종벌이 잉잉거린 빛깔 고운 패랭이 꽃밭

이제는 아무 것도 바랄 수 없는
살아갈 수 있다는 사실만으로도
다행스러운 일
해후의 약속 없음도 슬퍼하지 말라
지워질래야 지워질 수도 없고
울래야 울어버릴 수만도 없는
우리들 옛 노래만이
달무리꽃 환한 강가 언덕에
푸른 이씨로 돋아나
모래알처럼 쌓이고 있다

4

오재동 시 평설

Ⅰ 시집, 향토적 抒情性의 회복과 詩의 건강성
Ⅱ 시집, 삶 속에 길어 올린 생체험牲體驗의 미학美學
　　-송수권(宋秀權) 전 순천대 교수, 시인

자연친화적 삶의 서정
-김건일 시인
눈내린 간이역

오재동 시 평설

Ⅰ 시집, 향토적 抒情性의 회복과 詩의 건강성

송수권(宋秀權) 전 순천대 교수, 시인

吳在東 詩人은 나이에 걸맞지 않게 늦깎이로 등단한 詩人이다. 나이 40이 훨씬 넘어 등단하였기로 詩歷이 짧다고 말할 수 있으나 그렇지 않다.

그는 대학시절에 꾸준히 詩를 썼고 동인활동에 참가하여 순수한 열정을 불태워 왔으므로 실상 그의 詩歷은 어림잡아 20년은 된 셈이다. 젊은 나이로 교단에 종사하면서 남해안 일대의 섬들을 두루 거치고 또한 늦깎이로 광주에 진입, 그 동안의 詩作品들을 추수리고 닦아 불교신문 신춘문예 당선, 현대시학의 추천을 완료하였던 것이다. 그러니까 그의 詩作에 집중적 관심은 광주에 진입하면서 최근 몇년간의 기간으로 요약될 수 있을 것이다. 익히 알다시피 우리 문단에는 이처럼 늦깎이로 올라와 활동한 분들이 많고 또한 그 저력을 과시하는 많은 분들이 있음을 알고 있다.

그 '저력'이란 쉽게 타협하지 않고 20대의 재기 발랄한 감성시대를 내적으로 연소시키면서 제 나름의 체험을 가진 분들로 쉽게 유행의 감각이나 시류에 물들지 않음을 하나의 특징으로 삼는다. 吳在東 詩人이 바로 그런 詩人으로 향토적 공간에 우뚝 솟아 있음은 천만다행한 일이다. 광주시대의 막이 열리면서 그의 詩도 세상에 빛을보았지만 그의 언어는 이 시대의 어떤 유행감각이나 시류에 오염되지 않고 독자적인 향토성을 유지하면서 詩의 건강성을 보여 주고 있다.

   길아

   오천년을 어머니 등 뒤에서
   흐르던 길아

   딸각딸각
   오늘은 한 마장쯤 가고
   내일은 두 마장쯤 가고

   비틀어진 길
   쇠활로 잡아주고
   더러는 패인 웅덩이 물 고이
   쑤꾹새 울음 빠져들던 길아

   딸각딸각

오늘은 한 마장쯤 가고
내일은 두 마장쯤 가고
가다보면 낮달이 질펀히 엎어져 울기도 하고
쓰디쓴 가난과 학대받은 땅에서
물레와 함께 놀던 길아
딸각딸각
오늘은 한 마장쯤 가고
내일은 두 마장쯤 가고

하늘의 슬기와 땅의 지혜를 익힌
지금은 天上의 별빛되어 흐르는 길아.

— 「베짜기」 전문

* 이 시는 한국대표시 명시선수록 김소월, 서정주 외 80년대 시인들 한국인의 애송시 청화수록

  그가 얼마나 치열한 전통서정과 향토성을 깔자리로 해서 詩를 쓰고 있는가를 잘 보여 주는 詩다. 오늘의 광주시대에 살면서 그는 들뜨거나 시류를 타지 않는다. 그는 유년의 피를 이 향토성에서 대물림했으므로 '어머니의 베짜기'를 통하여 그리고 씨줄과 날줄이 쌓여서 한 필의 베가 되고 그 인고의 베짜기의 고통을 통하여 굽힘없는 민족의 길을 확인한 것이다. 그의 역사의식은 결코 생경하게 밖으로 드러나는 일이 없이 상징적인 알레고리를 사용하고 있는 것이다. 이 시대

의 시의 윤리성을 강요하기 전에 시의 성취감은 바로 이런데 있음을 재확인할 수 있다. 딸각딸각 북杼을 놀리며 최활로 피륙을 잡아 나가는 어머니의 인고야말로 80년대 이후 고전古典을 상실한 막된 시대에 살면서 詩人이 재구성하는 삶의 가치창조야말로 변비증에 걸려 있는 이 시대의 삶을 일깨우고 각성하는 자리에서 출발하고 있는 것이다. 이 뿌리없이 마구잡이로 민중정서니, 반전통이니 하고 화려하게 떠드는 '신세대'의 詩에서 느끼는 현대의 위기감, 오늘의 한국詩는 이 작업 없이는 불가능하리라 여겨진다. 그는 이 전통단절의 극복으로서 이 시대의 천하잡놈 '변강쇠'의 뿌리 뽑힘을 통하여 '변강쇠'와 같은 우의적 인간상을 내세워 풍자하고 있다.

> 年代의 맨바닥에 어둡게 나뒹군
> 더벅머리 스물 여덟의 男子가
> 목시木神에 온통 가슴만 물려 있었다
> 열 다섯 낮밤 빈 나무지게를 지고
> 방황하는 고백告白의 젊은이들이
> 지리산 안개 깊숙한 곳 울분의 말뚝을 박아 두고
> 머리칼 몇 개의 품삯을 건네 준다
> 두 귀를 댄 정갈한 잔을 채우고
> 사자獅子탈을 썼다
>
> ―「변강쇠 타령」1연

변강쇠 타령에서 이루어 낸 이 詩의 성취감이야말로 80년대에 들어서 이루어낸 민중詩의 큰 성과로 논의되는 고전의 현대화작업으로 '마당극' '탈춤' '판소리의 대중화' 등을 들 수 있겠지만 위의 詩들은 그 품위를 잃고 처지는 젊은 세대의 한 단면성까지를 포함하고 있음을 본다. 민중詩의 이러한 성과에도 불구하고 내용과 시어의 상투적 반복, 허위의식의 남발, 의식의 조장 및 과잉, 지나친 시의 실용성을 주장한 나머지 다양성을 죽인 비개성적인 운동으로 또한 착하고 아름다운 사람을 기린다는 명목으로 착하고 아름다운 사람들을 부정하는 몰개성의 독소조항도 충분히 반성되어 가고 있는 이 시점에서는 표본이 될만한 詩로 생각된다.

　단적으로 말해서 詩를 빚는 그의 눈은 一回的 소모품으로서의 언어를 충분히 경계하면서 생체림生體驗에 깊이 연유하고 있으므로 해서 詩의 신뢰성을 깊게 하고 있다. 그는 역사의 현장에 깊숙히 서 있으면서도 결코 젊은 세대가 외치는 구호적 상투어를 나열하지 않는다.

　　민족의 비애를 삼키듯
　　있다가도 없는 듯
　　실낱같이 살아 온 버들아
　　모가지가 잘려버린 너의 城에

살이 돋고 잔뼈가 굵어
타오르는 전쟁처럼
눈물과 환희의 연합을 만들어 둥그렇게 솟아 오르는 보름달 같은 너의 城.

끝내 터지는
새벽에서 바램을 내민 너의 살갗이여
졌다가도 피어나는 불멸의 버들아
아무런 까닭없이
뭇사람을 보내고 또 기다리는가
슬픔을 미소짓고 허무러져 버린 生命體
시방은, 민족의 성지 城地
또 얼마나 밤중을 빌어 예지의 칼날을
번득이고 있는가

- 「光州川 버들아」 전문

　광주천의 버들은 곧 광주의 봄으로 상징되면서 그 봄은 새벽의 승리를 예감하고 있는 봄이기도 하다. 그는 이 봄을 외치는 것이 아니라 안으로 감추면서 '城'의 이미지를 이끌어다가 보름달같은 고전의 美意識을 환기시켜 준다. 동시에 이 견고한 '城'은 연약한 버들의 그 유연성에 강력히 다블롤 펴면서 이미지의 중첩이 된다. 유유청청 細柳靑靑이란 말이 있지만, 이 부드러움이 견고한 城으로 이미지가 병치되면서 튼 튼한 광주의 정신까지를 표출해내고 있음은 80년대 흔하게 써 먹은 '주어+서술어' 형식의 散文的 발상법과는 다름을 보여 준다. 그는 충분히 언어의 美意識에 고뇌하면서 '詩란 그 본질을 서정에 둔다'라는 명제에 충실한 시인임을 알 수 있다.

>온 세상 몰고 온 바람
>앞산 뒷산 밀쳐 두고
>꽃밭 속 한 낮에 빈 벌 다시
>쓸던 저 역사役事
>宣紙에 나 앉은 말씀
>풀잎모양 돋았다
>
>석 삼년 관冠을 앓는
>엽서여
>그 입체여
>일순一瞬의 들메한 생각
>주렴 꿰는 새鳥소리
>곤한 독루髑淚가 고운 꽃신을 신고 갔다
>
>종각鐘閣의 하늘 땅에 눈 닦아 두면
>누군가 추를 듣는 세상 밖 方言떼들
>밤새 획劃 하나 떼어
>나의 역사役事 달래본

- 「악모惡毛」 전문

그는 이처럼 언어의 제의祭儀에 헌신하면서 작품을 만들어 낸다. 온 몸에 惡毛가 돋고 신열이나 몸살을 앓으면서 시의 향토적 정서로 이끌어 올린다. 그렇다면 이 고통스런 작업이 추구하고 있는 그의 고향은 어디인가를 규명해 볼 필요가 있을 것이다. 그리고 동시에 그의 원천적 삶의 연원과 깊이는 어디서 오는가를 알아 볼 필요가 또한 절실해진다.

잎새들 그득 모아
바람의 결을 풀고

즈믄, 뜰 노를 젓는
四月, 그 붉은 가슴

타관 땅
문풍지 새로
밤새 눈귀 밝히나

― 「운암리 詩篇 I」 전문

절산宅 작은 기침
울 빗장 죄다 걸고

아홉 골 묵도默禱 안팎
몇 되박 기척인데

속 품은
사연이 겨워
달이 달이 뜨노니……

　　-「운암리 詩篇 II」전문

웃녘 山 얼레 날고
돌쇠가 떠나던 날
회억回憶할까, 이슬 듣는
미쁜 해 우리 사랑

골방에
펼쳐 든 수繡들
눈이 펑펑 내리내.

　　-「운암리 詩篇 III」전문

* 이 시는 학술논문집 2012년(제79호) p.218 활용 횟수 36회로 동국대학 등 88곳 도서관에 보관되어 있다고 함. 80년대 시인들, 한국인의 애송시II 청하수록 p.369

　여기 나오는 운암리 I. II. III. 은 그의 고향이겠는데 적절한 詩語들이 알맞게 짜여 결코 넘치지도 모자라지도 않는 은은한 향토성이 체질화되어 나타나 있다. 〈절산댁 작은 기침〉 〈울 빗장 죄다걸고〉 〈몇 되박 기척인데〉 〈달이 달이 뜨노니……〉 〈웃녘 山 얼레 날고〉〈돌쇠가 떠나던 날〉〈미쁜 해 우리 사랑〉과 같은 구문構文들은 그의 유년적체험幼年的體驗을 적절하게 드러내 준다. /골방에/펼쳐 든 수繡틀/눈이 펑펑 내리네./ 아마 生體驗에서 자란 피가 아니면 이런 미의식美意識에 값하는 언어는 쏟아져 나올 리 만무하다. 시어와 단정한 構文들에 찍혀 나오는 향토적 세계야말로 충분히 아름답다. 그러므로 그의 피는 따뜻하다. 이는 고향에서도 원고향을 껴안는 그의 애정이고 시선이다. 정형시의 형식을 빌은 이 언어의 경제성과 리듬의 조화는 여느 詩人이 결코 감당할 만한 세계가 아니다.

그는 이 따뜻한 유년의 불빛 속에서 건강한 삶을 향토적 공간 위에 벌여 놓고 있다. 그러므로 그의 詩는 향토적 서정과 더불어 건강한 삶, 건강한 詩的삶을 소망하고 열어가고 있다.

태양은 그림자를 죽일 뿐 만들지 않는다.
시간을 칼질하는 작은 바늘과 큰 바늘을
일직선으로 놓으면
모든 그림자는 뱃속으로 기어들고
나의 체중도 백지장처럼 흔들린다.
흔들리면서 어느 빌딩에 갇혀 있는
그림자를 생각한다.

노상路上의 12시를 생각한다.
순금의 해바라기가 타는 시골길
감춘 그림자는 입을 토해 나와
여러 마리 개미로 흩어지고
통나무를 업어 보려는 그들의 욕망
마른 지렁이 한 마리가
수갑의 고리에 묶여 가고 있다.

- 「낮 12시」 전문

황톳길 위에 벌어지고 있는 여름날 개미들의 삶을 들여다 보고 있는 詩人의 가시적 눈은 이처럼 밝고 건강하고 순수하다.

말을 바꾸면 이 삶이야말로 가장 원초적이고 건강한 삶이다. 이에 대한 순수한 열망 〈낮 12시〉의 순금의 해바라기가 불타는 길이야말로 이 詩人이 추구해 온 전 과정이라 해도 과히 빗나간 이야기는 아닐 것이다. 路上, 그 황톳길(전라도의 삶으로 보편적 상징화 된)에 마른 지렁이 한 마리가 꿈틀대고 있다. 거기에 불볕속의 개미들이 매달려 있다. 마치 통나무를 업어 보려는 그들의 욕망, 즉 마을 정신이나 두레정신의 연대감으로 일치되면서 드디어 그 지렁이는(통나무는) 수갑의 고리(개미들의 공동체 힘)에 묶여 가고 있는 순간을 그는 이처럼 절실히 터득 하고 있다. 이 건강한 힘의 발로야말로 〈지구도 종이 한장의 무게〉일 것이며 질컥질컥 젖어 사는 현대의 아스팔트적 삶은 이 시골길 위에 흰뼈를 털어 내어 건강한 햇빛에 말리고 싶은 욕망을 유발하기에 충분하다.

  이처럼 그의 詩는 건강하고 향토적이다. 뿐만 아니라 알레고리와 상징의 축을 바탕으로 이미지의 병치가 활달하다. 우선 시의 소재도 고향의 이야기를 빼놓으면 별 볼일 없이 그의 詩는 무력화 되리라는 느낌은 타당하다. 〈고향〉〈뜸부기〉〈보리고개〉〈유년의 땅〉〈敗家〉〈農夫〉 그리고 이 시집의 에필로그라고 할 수 있는 〈순희야 영희야〉는 최근의 심정을 짐작하게 하는 마음 아픈 詩라 여겨진다.

    이 세상 어느 모퉁이에 살다
    주름진 너의 목에 감기려 했는데〈…〉
    더 걸을 수 없는 인생의 山頂에서
    목이 타도록 갈구한
    마을아, 물아, 억센 풀아, 사람들아
    세상길 돌고 돌아
    결국 내가 깃들 수 있는 곳은
    토종벌이 잉잉거린 빛깔 고운 패랭이꽃밭

    이제는 아무것도 바랄 수 없는
    살아갈 수 있다는 사실만으로도
    다행스러운 일

해후의 약속 없음도 슬퍼하지 말라
　　지워질래야 지워질 수도 없고
　　울래야 울어버릴 수만도 없는
　　우리들 옛 노래만이
　　달무리꽃 환한 강 언덕에 푸른 이끼로 돋아나
　　모래알처럼 쌓이고 있다

　　　　　　　　　　　　　　-「순희야, 영희야」전문

　유년 시대의 밝은 불빛을 받고 자라난 헤어진 소꿉 친구들에게 바쳐지는 엘레지지만 고향을 고향이게 하면서 고향을 간직하고 튼튼한 삶의 뿌리를 박고 살려는 결단의 의지는 비록 도시 속에서 떠돌면서도 오늘 그가 존재하는 정신적 지주임을 증명하기에 충분하다. 마치 에이레의 끝없는 향수를 붙들고 놓아 주지 않는 에이츠의 정신을 이 詩人에게서 찾아 볼 수 있다. 그런 의미에서 그는 불행한 시인이 아니라 행복한 시인이다. 70년대 이후 도시 산업사회로 이양되면서 자라난 깡통 속의 세대들은 전통정서의 이미지의 단절과 함께 이런 정서를 환기하는 능력이 없는 것이다. 이 점에 있어서는 젊은 세대의 비평가들도 마찬가지며 우리 문화 전반의 전통정서 단절론은 심각한 위기에 처해 있는 실정이다. 아무렇게나 쿵쿵 울려대면 마당놀이고 탈춤이고 굿판이 되는 줄 알지만 거기에는 격식과 은근한 멋과 춤사위가 있는 것인데 이들은 이 언어를 해석하고 표현하는 생체험이 없기 때문이다. 이 점에서 몇 詩人의 언어야말로 독창적이며 이시대의 마지막을 거는 소망일 것이다.

 이 소망을 알차게 다져나가는 詩人으로 대성하길 빌며 외람된 촌필을 놓는다.

Ⅱ 시집, 삶 속에 길어 올린 생체험生體驗의 미학美學

송수권(宋秀權) 전 순천대 교수, 시인

오재동 시인의 시는 자연을 배경으로 한 일상적인 삶 속에 코드가 꽂혀 있다. 현대시의 특성이라 할 수 있는 낯설게 하기라든가 뒤집기 또는 모순어법 등의 난해한 기법에 의존하지 않고 순리적인 삶을 그대로 진술하기 때문에 이해하기에 특별한 부담 없이 공감대를 형성하고 있다. 이는 고도한 이미지 놀음의 묘사에 의존하지 않고 진술에 의존하는 체험적 삶의 고백이라 할 수 있다.『운암리 시편』에 이은 두 번째 시집이 되지만 제1시집에서 보였던 시 세계와 언어들이 그대로 제2시집에서도 줄기차게 이어져 전통감각 특히 도시 이미지가 아닌 농촌 이미지가 그의 시 세계를 담보하고 있는 셈이다.

다음은 75편의 작품들 중 그의 가장 객관적인 시선으로 써진 작품인데 유독 이미지가 짜임새 있게 연결되어 시적 긴장(tension)이 정서를 유발하는 감동적인 작품이다.

삘기꽃 허옇게 타는 시골길
시간을 칼질하는 여윈 손길을
일직선으로 놓으면
모든 그림자는 뱃속으로 기어들고
나의 체중도 백지장처럼 흔들린다
흔들리면서 어느 빌딩에 갇혀 있는
그림자를 생각한다

노상路上의 열 두시를 생각한다
얼룩소 한가히 오수에 취한 시골길
감춘 그림자는 입을 토해 나와
여러 마리 개미로 흩어지고
통나무를 업어보려는 그들의 욕망
마른 지렁이 한 마리가
수갑의 고리에 묶여 가고 있다

황갈색의 속살을 비집어
인간의 번뇌까지도 묻어버리고
여름의 환한 불볕 속에서
까맣게 흩어지는 개미떼를 보면
노상의 열 두시는 순수하게 나를 적신다
질퍽질퍽 그림자가 밝히지 않는 낮 열 두시
시골길에 미친 내 웃음소리가 흩어진다
흰 뼈들이 걸어나와 소리 없이 타고 있다

― 「시골길」 전문

제 1연은 '체중이 백지장처럼 흔들리는 길'은 생체리듬 즉 바이오리듬이 충만한 길이다. 도시 속의 빌딩에 짓눌리는 삶이 아니라 경쾌한 자연 속이거나 자연친화적인 시골길에 대한 밝은 풍경이 제시되어 있다. 이는 시론으로 대입한다면 고도한 기술문명을 나타내는 tecnopia의 패러다임이 아니라 eco-topia의 원형으로서의 길이다.

제 2연은 낮 열 두 시의 밝은 풍경이 제시되면서 은유적인 소도구가 배치되어 건강한 삶을 표상적으로 드러내고 있다. 개미떼들이 통나무를 굴리듯 지렁이를 끌어가고 있다. 그것이 마치 '수갑의 고리'에 묶여 있는 것처럼 교묘한 시각 이미지의 효과를 십분 살리고 있다. 이 의도는 도시로 가는 검은 길이 아니라 고향으로 가는 신화적 원형심상을 제시한다.

결국 연인 3연은 퍼소나의 정서와 심적 반응을 제시하면서 밝은 웃음소리와 흰 뼈들까지 까만 숯으로 타버리는 긴장감을 유발하고 있다.

따라서 이 원형 심상은 테크노가 아닌 에코체인(eco-chain)으로서의 정신을 드러낸다. 이른바 노자의 도덕경에 제시된 곡즉전曲卽全 또는 곡장曲藏으로서의 곡선적 삶이다. 더 쉽게 말한다면 도시 즉 고속도로는 직선으로서 그건 자연이 아니라 인간이 만든 길이다. 그러나 곡선인 시골길은 신이 만든 자연의 길이다. 그래서 분리파들은 직선이야말로 죄악이라고까지 선언한다. 곡선 속에 희망이 있고 슬픔이 있고 추억이 있는 것이지 직선 속엔 오직 무정체의 시간으로 꿈을 제시할 수 있는 원형 또는 몸을 제시할 수 있는 풍경이 없다. 그래서 모두에 그의 시는 자연을 배경으로 한 일상적 삶 속에 코드가 꽂혀 있다고 말한 이유도 여기 있다.

 이는 노자의 곡즉전 코드에서도 6장인 곡신불사谷神不死의 원형적 코드이지만 이의 구체적인 실현으로서 다음 시를 들 수 있다.

  아스라한 산자락 마디마디
  실핏줄 같은 물줄기 모여들어
  흐르다흐르다 목메이면
  금관성에 올라 세상살이 살펴보고
  동강땅 안고 돌아 흐르는 강변 길을 따라가 보아라

  노을지고 해 저물면
  무덤 같은 집들은 어둠 속으로 살아지고
  긴 검정 치마폭 아래
  불빛 하나 둘 살아나면
  하늘도 눈뜨고
  금빛 잔물결 가만히 들여다 보면
  하늘이 있고 별이 있고 목숨이 떠 흐른다

담쟁이처럼 살아온 강변 길을 따라가 보아라
강 건너 언덕에 풀꽃 피면
거두어 드릴 볍씨 뿌리고
보리알 씹듯 세상을 씹으며
뚜벅뚜벅 살아온 사람들
구릿빛 얼굴에 패인 주름살
한을 두 올 강물 속에 펴다 버리고 돌아오면
풀잎 하나 돌멩이 하나 눈에 익어 정들었으니
쑥 냄새보다 더 진한 사랑
모닥불처럼 솔솔 피어오른다

둥근 돌이 누워 있는 강변 길을 따라가 보아라
긴 겨울 이야기는
얼음장 밑에 실개울물은 흘러 모여
깊이를 만들고 힘을 키워,
영산강 하류
힘센 물줄기는 시퍼렇게 굽이쳐
한 시대의 역사를 밀어 올려놓고
그 아름다움, 빛난 눈동자
말 없이 먼 바다로 흘러간다.
하얀 갈꽃이 손을 흔들고 있다.

- 「눈부신 강변에 꽃은 피고」 전문

「시골길」엔 에코체인으로서의 원형적인 삶이 제시되었다면 위의 시에서는 그 시골길과 길항인 강물의 흐름이다. 그 유연한 흐름 속에 그윽한 서사(역사)가 꽃피어 있다. 이는 8장인 물의 장章으로서 곡신불사(골짜기의 신은 죽지 않는다.)로서 그 곡신인 현빈玄牝의 신묘한 자궁에서 흐르는 양수이며 그것을 노자는 상선약수上善若水로 표현하였다. 그리고 써도써도 마르지 않은 용지불갈用之不喝이며 그 물은 가장 낮은데 처하기를 좋아한다고 했다. (居善地).

도시적인 삶 속엔 미친 속도전으로 시간이 보이지만 이처럼 강변에선 눈부신 꽃이나 별이 보이는 삶이다. 그러므로 강물(영산강)은 굽이굽이 감돌아 마을을 만들고 그윽한 삶의 서사를 만든다. 그러면 그는 이 곡신谷神, 玄牝의 힘을 어떻게 또 운용하고 있는가? 강변에 눈부신 꽃은 피고, 그 꽃의 구체적인 사물로 눈보라 속에서 피는 〈홍매紅梅〉를 들어 다음 시에서는 원형적 '힘'을 제시한다.

> 흰 눈발이 치는 날 썩은 고목 가지 위에
> 누가 서서 줄을 돌리는지 홍매紅梅 붉은
> 꽃잎들이 팔짝팔짝 줄을 넘는다
>
> 아랫도리에서 윗도리로 줄을
> 넘는 꽃잎들
> 핏물보다 고운 빛깔로
> 저희들끼리 뺨 부비며 속삭인다

윙윙 참벌떼 날으듯
아픈 혈맥 공중에 뻗는
아 이 한 경치 속에
누가 자꾸 줄을 돌리는
줄을 넘어 쏟아진 불티들
흰 눈 속에 떠서 간다

눈보라 속 알 수 없는 힘들이
한 줄 넘고 두 줄 넘고
줄을 넘고 줄을 넘는다

- 「아 이 한 경치 속에」 전문

* 중앙일보 연재 '그대, 그리운 날의 시' 80년대 시인들, 한국인의 애송시 청하수록

〈홍매〉의 썩은 고목에 '누가 서서 줄을 돌리는지 홍매 붉은 / 꽃잎들이 팔짝팔짝 줄을 넘는다'고 독특한 시각이미지를 구사하고 있다. 그 '누구'는 바로 무위 자연의 자연현상이면서 만물을 살리는 즉 만물유생萬物有生으로서의 원형적 '힘'이다.

그의 시에서 소재를 장악하는 눈이나 데뻬이르망(의미부여)은 이처럼 노자의 눈을 관통하고 있다. 이는 곧 시인의 정체성이며 정신이 된다. 따라서 그는 행복한 범애주의자라고도 말할 수 있을 것이다.

「인동기」에서 보면 남해의 조그마한 섬 체험으로서 그 '겨울'은 낙관자의 그것이다. 극기의 상처로 얼룩진 풍경이 없는 것은 아니지만 대체적으로 그의 시편들은 생명의 힘을 구가하면서 (상처의 외상과 내상은 회상의 정서로 가라앉지만) 객관화될 때 신선한 감동을 던진다.

섬 기슭 조그마한 마을
우리는 새 그물을 쳤다.
마른 탱자나무 울타리
몇 마리 참새가 와서
넘어지고
그물코마다 얼어붙은 눈알이
매달려 있다

우리는 죽은 참새가 되지 않으려고
밤새도록 털을 뽑았다.
흰 접시에 살점을 발라내며
참새처럼 모여 앉았다
이윽고
남해 바다에 잠 같은 눈이 퍼부었다
바다는
참새처럼 밤새도록 쫑알거렸다
개동백 어린 눈꽃을
그해 마지막 눈이 덮어 주고 있었다
눈발 속에서

작은 섬들이 몰려 다녔다

  - 「인동기」 전문

　이처럼 풍경이 객관화될 때 그의 시는 건강한 힘이 솟는다. 2연을 분석해 보면 '죽은 참새가 되지 않으려고 밤새도록 털을 뽑는' 행위에 결부된 '참새처럼 밤새도록 쫑알' 거리는 바다의 신선한 '이미지'가 살아나고 그 해 마지막 눈이 덮어 주는 '개동백 어린 눈꽃'과 이불처럼 따뜻한 눈이 퍼붓는다. 그리고 그 눈발 속에서 '작은 섬들이 몰려' 역동적 이미지의 '힘'을 던진다.

　시의 특성을 시적詩的 진실과 시적 미美로 나누어 볼 때, 미적 감각은 국어의 완성단계에까지 이를 수 있고, 진실은 정신을 읽히기 때문에 시인의 태도를 오래도록 견지할 수 있는 믿음이 된다. 이는 아놀드의 말이지만 이 양가兩價의 가치는 떼어놓고 볼 수 없는 성질의 것이기도 하다. 왜냐하면 시는 언어, 정신, 리듬(호흡)의 3합 정신에 의한 완벽한 조화에 있기 때문이다. 현대시에 올수록 시는 큰 정신에 기대어 시인의 태도를 견지하는 삶이 요구된다. 이것이 정체성(identity)을 드러내는 길이며 또한 미적 감동의 세계로 이어진다. 위의 시편들에서 검토한 바와 같이 오재동 시인의 시 세계와 그에 따른 시 정신의 코드를 살펴보았다.

자연친화적 삶의 서정

한국문인협회 부이사장
김건일 시인

　오재동 시인은 건국대학 국문과를 같이 수학한 동창이다. 나는 늦깎이로 65년도에 건국대 국문과를 다녔는데 군대에 갔다 왔다는 오재동이 67년엔가 복학하여 함께 수학하게 되었다. 국문과였지만 본격적으로 문학을 하는 학우들이 별로 없어서 혼자서 고군분투 건국문학회를 창립하고 건대신문 편집일을 보면서 문학도를 전교적으로 모으고 있을 때 말이 별로 없고 우수적인 오재동은 문학활동에 적극적으로 관심을 보이지 않은 것 같으면서도 건대신문에 시를 발표하고 문학의 밤 행사에 시를 낭송하고 시화전에 참여하는가 하면 국문과 학생이 주축이 된 광장이란 동인 창립회원으로 참여했다. 일간신문 독자란에 시를 발표했던 수준이상의 실력을 갖추고 있었지만 뒷전에 숨어 실력을 펼쳐보이지 않아서 나는 그를 잊고 있을 때가 많았다. 아마도 그도 그럴 것이 시골에서 유학온 처지에서 졸업하고 밥 빌어먹을 일자리 때문에 문학이 뒷

자리로 밀려난 것이 아닌가 하는 생각이 든다. 그 후 졸업을 하고 나는 농촌 문학을 한답시고 고향으로 내려가 농사를 지으며 시작활동을 했다. 나는 73년에 시문학으로 등단하였고 80년 이후부터는 서울에 올라와 본격적으로 문단활동을 했는데 오재동 시인의 모습은 보이지 않았다.

오재동 시인은 불교신문 신춘문예에 「운암리 시편」이 당선되고 80년초 현대시학을 통해 일찍 문단에 등단했으나 전라도 광주에서 국어교사로 생활하면서 문단활동을 하였기에 그의 존재는 중앙 문단에 널리 알려지지 않았다.

내가 한국문인협회 부이사장으로 출마했을 때 광주에서 활동하고 있는 그는 동창인 나를 위하여 열심히 도와주어서 나는 부이사장이 되고 그는 이사가 되기도 했다.

내가 왜 이렇게 장황하게 오재동 시인과 나와의 관계를 열거하느냐 하면 건국대 출신들은 선배들이 문단에 거의 없어서 문단 활동은 언제나 혼자서 외롭게 활로를 개척해야 했기 때문이다. 그의 저력있는 작품들을 읽어보고는 시인들이 끝까지 사물과 언어들을 놓지 않고 붙들고 사색하며 행동하고 느끼고 새로운 영감을 창조한다면, 시류와 영합한다는 것은 극히 사소한 일에 지나지 않음을 그의 「인동기」를 읽으면서 더욱 뼈저리게 느꼈기 때문이다.

날씨가 추워서 산국도 빛을 잃고
새떼도 제 집으로 돌아간 뒤에
산허리를 감고 돌아온 적막이 내린다

똬리 틀고 앉은 초막이 집이 나갔나보다
개똥불이 혼불처럼 반짝인다
빈가슴에 차운 비가 내린다

산을 에워싸고 있는 어둠 속에 정좌하니
산에는 산소리
물에는 물소리
억새밭에 으악새소리

타는 일몰처럼
가진 것 한 줌 한 줌 버려야 할 때
산새 한 마리가 어둠 속을 날아간다

- 「적막강산에 앉아서」 전문

  폐허가 되어버린 산촌의 모습이 죽음처럼 나타난다. 이러한 절망적인 상황속에서도 그것을 극복하려는 의지가 표출되고 있다. "산을 에워싸고 있는 어둠 속에 정좌하니/ 산새 한 마리가 어둠 속을 날아간다"라는 말이 나온다. 고독한 한 인간이 고독 속에서도 좌절하지 않고 어둠 속에서 한 마리 산새의 움직임까지 놓치지 않고 정확하게 바라보고 있다.

> 봄이다
> 봄날이다
> 생떼 난 봄빛이다
> 아지랑이 새실거리며
> 종다리는 까무러치게 울어쌓고
> 뻐꾹새 울음도 치렁치렁 온산 물들이는
> 목청껏 피 끓어 오르는 봄이다
> 언치 내려놓고 허청에 퍼질러 누어있는 쟁기 일깨워
> 풀썩풀썩 흙을 뒤집는다
> 갑사댕기 속살보다 보드러운 흙이 화냥기가 낫는가
> 슬슬 냄새를 피워 올린다
> 얄궂게도 몇 해 전 산 너머 시집간 삭정이 당고모가
> 튼실한 젖가슴 풀어헤치고 친정에 오는 날이다
> 골목 어귀에서 삽사리 쌔근거리는 모습을 엿보고
> 내 마음도 살짝 붉어지려고 하는데
> 담벼락에 붙어선 가시내들이 철없이 낄낄거린다.
> 살아있는 것 알몸으로 춤춘 참 햇볕 좋은
> 그런 봄날이다
>
> - 「이 봄날에」 전문

 햇볕 따스한 이른 봄날 초가집 토방에 앉아 사물의 세심한 부분과 동태까지 꿰뚫어보고 있다. 좋은 시라 할 수 있는 것은 대상을 바라보는 눈이 밝아야 하며,

언어(시어)가 아름답고 적절해야 하며, 음악성(리듬감)이 있어야 한다.

> 바다를 감고 돌아간 해안선을 따라가면
> 나를 묻어버리고 싶다
>
> 저 멀리 서해 푸른 바다
> 둥둥 떠 흐른
> 조기떼 궁실거린 칠산의 섬들
>
> 일몰의 고갯길에
> 하늘이 토해낸 붉은 놀이
> 그새 말랐던 눈물을 터지게 하고
> 한세상 설움같은 것은 별게 아니라고
> 끼르륵 끼르륵
> 질퍽한 갯벌 위로
> 말갛게 울고 간 삶의 흔적들
> 오늘따라 왜 저리 아름다운지
>
> - 「이땅의 풍경」 전문

고향과 조국 그리고 말갛게 울고 간 삶의 흔적까지도 사랑하고 있다. 자연의 고마움을 느끼면서 오랜 교직 생활을 끝내고 홀로 외롭게 살아가는 올바른 양심의 고독을 듣는다. 學友의 건강과 문운을 기원한다.

눈내린 간이역

들길도 미루나무도 훌훌 옷을 벗었다
하나 둘
불빛 살아난 강변 긴 언덕에
외줄기 기적소리 길게 흘리며
3등 열차는 꼬리를 흔들며 아스라이 사라지고
눈은 푹푹 내려
소리 없이 역사驛舍를 덮는다

설희라는 이름이 자꾸만 그리워지는
오늘은
강물 따라
길이 하얗게 생기고

역부驛夫의 외투자락에 뚝뚝 떨어지는 눈은
산골 외딴집
집나간 아배는 돌아오지 않고
홀어메와 사는 철든 외딸의 설움만큼 차갑다

바람은 쌀랑쌀랑 불고
15촉 불빛이 희미한

호젓한 대합실
시린 벤치에 앉아
대처를 떠돈 아들놈 생각에
우는 듯 조는 듯
저승산이 무너질 듯
솔껍질 같은 노파의 두 볼에 흐르는 슬픔은
그리도 어릴적 내 어메 같은지

- 2011년 『월간문학』 3월호

우리의 오랜 역사의 현장에 잔존하고 있는 긴긴 추억의 현장에 대한 작품이나 자연 풍광에서 오는 새로운 일상의 도형들이 삶의 새로움으로 부각되기도 한다. 오재동 시인의 「눈 내린 간이역이」나 김정례 시인의 「안개」에서 그러한 감동적인 영상이 새로운 조형으로 우리 곁에 와 있음을 본다.

> 바람은 싸랑쌀랑 불고/ 15촉 불빛이 희미한 / 호젓한 대합실/ 시린 벤치에 앉아 / 대처를 떠돈 아들놈 생각에 / 우는 듯 조는 듯/ 저승산이 무너질 듯 / 솔껍질 같은 노파의 두 볼에 흐르는 슬픔은/ 그리도 어릴 적 내 어메 같은지.

-「눈 내린 간이역」 4연

간이역은 생존의 많은 옛 추상의 현장으로 남겨지고 있다. 오늘날 철길에 대한 외딴 시골길의 추억은 간혹 남겨진 간이역의 현장성 때문에 시인들은 물론 화가나 작가들의 소재로 남겨져 작품으로 환원한다. 오재동 시인의 작품에서 간이역이 안고 있는 긴긴 추상의 이미지는 한 편의 스토리를 안고 있는 역사의 일면을 찾을 수 있다. 간이역의 "15촉 불빛과 우는 듯 조는 듯 / 저승산이 무너질 듯"한 "솔껍질 같은 노파"의 두 볼의 슬픔은 간이역의 상징으로 남겨지는 하나의 풍경이다. (2011년 『월간문학』 3월호 조병무 평)

5

베짜기

불교신문 신춘문예 당선작
'운암리 시편'

현대시학 추천 완료
'베짜기'
'백운산에 오르며'
'인동기'

갯벌
한하운韓河雲
달밤
매미의 울음소리
옛집에서
울음이 타는 낙화암
시여, 터져라
묵墨돌
선민이의 눈물
어부의 사랑

운암리 시편

잎새들 그득 모아 바람의 결을 풀고
즈믄 뜰 노를 젓는
四月, 그 붉은 가슴
타관 땅
문풍지 새로 밤새 눈귀 밝히나.

절산宅 작은 기침 울빗장 죄다 걸고
골골이 맑은 음색
몇 됫박 기척인데
속 품은
사연이 겨워 달이달이 뜨노니…

웃녘山 얼레 날고 돌쇠가 떠나던 날
말을 할까 이슬 듣는
미쁜 해 우리 사랑
골방에
펼쳐든 수틀 눈이 펑펑 내리네

베짜기

길아,

오 천년을 어머니 등 뒤에서
흐르던 길아,

딸각딸각
오늘은 한 마장쯤 가고
내일은 두 마장쯤 가고

길은 길어 비틀어진 길
최활로 잡아주고
더러는 패인 웅덩이 물 고이고
쑥국새 울음 빠져들던 길아,

딸각딸각
오늘은 한 마장쯤 가고
내일은 두 마장쯤 가고

가다보면
낮달이 질펀히 엎어져 울기도 하고
쓰디쓴 가난과 학대받은 땅에서
물레와 함께 놀던 길아,

딸각딸각
오늘은 한 마장쯤 가고
내일은 두 마장쯤 가고

하늘의 지혜와 땅의 슬기를 익힌
지금은 천상의 별빛 되어
흐르는 길아.

백운산에 오르며

섬진강 물소리에
밤꽃밭이 젖고 있다.

몇 통의 꿀벌치는 일로나
이 세상 심심함을 달래며

가락 틀린 노래를 불러서 무얼 하나
시를 써서 무얼 하나.

물가에 귀를 대면 은어떼가 해살대고
낚싯대를 던지면
물풀들도 몸을 떠는데-

이 여울물 흐르는 산자락에 초막 한 채를 지은들
무얼 하나.

해 질 녘 꽃처럼 타는
청솔가리 맑은 연기를 모아
등굽은 버드나무 굽어보는 강물 속에 흘려 보낸들-.

들판의 벼 그루터기마다
하얗게 서리가 내리면
머리카락을 헤이며
下山이나 할까.

인동기

섬 기슭 조그마한 마을
우리는 새 그물을 쳤다.
마른 탱자나무 울타리
몇 마리 참새가 와서
넘어지고
그물코마다 얼어붙은 눈알이
매달려 있다

우리는 죽은 참새가 되지 않으려고
밤새도록 털을 뽑았다.
흰 접시에 살점을 발라내며
참새처럼 모여 앉았다
이윽고
남해 바다에 잠 같은 눈이 퍼부었다
바다는
참새처럼 밤새도록 쫑알거렸다
개동백 어린 눈꽃을
그해 마지막 눈이 덮어 주고 있었다
눈발 속에서
작은 섬들이 몰려 다녔다

갯벌

아우야 들었는가
울음이 타는 갯벌의 서러운 이야기를
낮달 같은 소망 하나 속 깊이 간직하고
썰물 지면 미끄러지듯 뻘밭 속으로 빠져들어
갈매기가 부리고 간 백합 한 개 캐어 들고
이것 봐 이것 봐
사랑보다도 미움보다도
더 큰 사랑

노을처럼 아름답고
노을처럼 서러운
한 세상
한 세월
질퍽하게 녹아난
가도가도 먼 칠산도 뻘밭길
낙조보다 더 고운 색감으로 번져온
그런 사랑의 뻘내음을 누가 알기나 하나요

한하운 韓河雲

그는 시인입니다
해가 지고 달이 뜨는
멀고 먼 전라도 소록도길
터벅터벅 흐르는 목숨입니다
반조된 햇살이 따라와 등에 시리게 파고듭니다
하나 둘 떨어져나간 발가락 무개만큼
붉은 울음을 울고 가는
보리피리입니다

달밤

선방禪房인 듯
풀벌레 소리도 들리지 않는다
살문에 걸려 있는 원고지 위에
가을 속에 별이 떨어지고
묵향墨香 그윽한 구름은
한지에 수묵화를 그리고
잎새가 떠난 나뭇가지에
둥지를 틀고 앉은
목청 고운 들새 한 마리
인생은 외롭지도 않고 서럽지도 않다고
연신 눈알을 굴리고 있다

바람이 빈 가지에 걸리면
흰 달빛은 난을 치고
울지도 못한 새 한 마리
불현듯 날아와
하늘가에
앉았다 떠나간다

매미의 울음소리

잠풍한 날 밤나무 아래 앉아 있었다
여러 마리 매미가 밤나무가지에 앉아서
높고 낮은 음정을 쏟아놓고 있었다
떼로 울음 우는 소리는 피아노 키를 미친 듯이 두들기는 소리 같기도 하고
차마 솟아오르지 못하고 대숲을 깔고 흐르는 청솔연기 같기도 하고
마지막 울음빛으로 타오른 저녁놀이 서해 뻘밭을 적시는 것 같기도 하고
아무튼 밀려왔다 밀려가는 저 간절한 파문은
나의 시간 위로 흘러가고 있었다
이윽고 매미떼가 밤나무를 떠나자
그 울음소리도 차츰차츰 내 감각으로부터 떠나고
홍반紅斑처럼 돋아난 것에 대하여 온몸을 앓고 앉아 있었다

옛집에서

겨울바람에 센 머리 날리는
엄니 홀로 두고
울멍울멍
새벽바람처럼 와버린 탓일까?

벌레 먹은 문설주에
녹슬은 풍경이 하나 걸려 있고
헐은 흙담에 찔레꽃은 피었다 져도
뇌 속에 깊이깊이 박혀 있는
천연색 필름 한 소절

차마 닿지 못할 그리움으로
낮달은 흘러가고
막막한 세월 팔십 평생을
딸각딸각 바디집 울음 속에
땅욕심 자식사랑에 묵정밭 일군 농사꾼으로 살다
고샅길 따라 할미꽃 피어있는 솔밭에 가셨나?
눈물겹도록 서러운 우리 어메

울음이 타는 낙화암

풍경소리도 일지 않는다
고란사 굽은 돌길 돌아드니
솔바람 한줌 쥐고 노승이 남기고 간
빛바랜 장삼자락에 연연한 설움이 살아나고
푸른 강물은 칠백 년 세월을 안고 말없이 흘러간다.

신라왕실이 외세를 모셔다
사비성이 무너지던 날
방울새 한 마리 피르르 강물을 건너가고
향 맑은 치맛자락 꽃잎처럼 떨어지니
백마강 붉은 강물은 푸른 음색으로 화음하니
그 소리 성충의 충절이던가, 계백의 한이던가

꽃샘바람은 아직 가시지 않았는데
부소산성
아스라한 낙화암
이끼 묻은 바위 틈바귀에
이골 저골 떼쨋골 울음 울다
접동접동 피울음 토해낸
빛깔 고운 진달래꽃

천오백여 년 전
깊이깊이 가라앉은
사랑을 읽었고
숨결을 들었다
그리고
비단 치맛자락 끄을던
꽃구름을 보았다

백마강 푸른 물결
붉은 치맛자락에 시린 가슴 쓸어안은
석류알보다 더 붉은 영혼
그 새 몇 천 년 말없이 흘렀던가
고란초 맑은 향기 강변 따라 피어오르고
백화정 노송은 저 하늘 저 강물 따라 푸르건만
새들아 너는 아느냐
강물아 너는 보았느냐
텅 빈 공허감을
천 년 세월이 지나서야 길든 설움이 살아나고
무공 스님이 건네준 막소주 한 잔 얻어 마시고
대금소리 사자루 여울 타고 칠백 리 길 말도 없이 돌아간다
무엇이 어떻고 역사가 그러한 걸

시여, 터져라

이산 저산 골골이
진달래꽃이 지고 있습니다
진달래꽃이 진자리에는
맑디맑은 사랑을 노래한
가난한 소월이 있습니다

진두강 가람가에 살다
이붓어매 시샘에 죽은 누나는
죽어도 못 잊어 차마 못 잊어
가을산 그리메에 떠돈 혼백이
지는 진달래꽃 속에 있습니다

우러르며 우러르며
피어오른 진달래꽃을 바라보며
그렇게 살고 싶다고
육십 다섯의 부끄러운 나이가
지는 진달래꽃 속에 비쳐옵니다

산에서 우는 작은 새여
진달래꽃이 진자리에
서러운 세월 묻어버리고
불꽃처럼 피어난
진달래꽃을 기다리렵니다

묵墨돌

남해바다에 호젓이 떠 있는 소안군도
일제의 반란이 불 지르고 간 완도의 막내 배기
접동새 슬피 울면
한 날 한 시에 호곡소리로 촛불 밝히고
보리알 씹듯 뚜벅뚜벅 살아온 서러운 땅

바람 부는 날 바닷가에 나가 보아라
강물은 울면서 흐르고
대마도에서 몰고 온 힘센 파도에
까맣게 타버린 돌들은 수런수런 이야기를 한다
수심 깊이 가라앉은 원혼의 말씀들
더러는 수석으로 살아 반짝이고
바람이 불고 간 아침녘이면
억만 개의 묵돌로 모래밭에 또렷이 나앉은다

밝은 달밤에 바닷가에 나가 보아라
돌들은 달빛 아래 말없이 앉아 있다
숨쉬지 않고 말없는 물상이 어디 있겠는마는
이들은 더욱 그렇다

알아주는 사람 하나 없어도
아홉 구비 뚫고 나온 먹빛 돌들은
하늘의 침묵을 이고
이승에서 비쳐온 슬픈 빛깔로 앉아 있다

북암산을 움직일 듯한 거센 파도는
소안군도의 작은 섬에 한 시대의 역사를 밀어 올려
크고 작은 돌들로 밀어의 세상을 만들고
서 있는 놈 앉아 있는 놈 누워 있는 놈
귀가 없고 눈이 없고 입이 없어도
어느 것 하나 목숨이란 것으로 여겨지지 않은 것이 없는
바다의 애무를 적신 자태에서 흘러간 슬픈 역사를 본다

선민이의 눈물

2000년 8월
서울과 평양이 만나는 날
서울 셀라톤 워커힐 호텔 앞마당
12세 난 선민이는 서럽게 울고 있었다

가장 빛나던 인생의 한가운데
태어나 뛰놀던 눈에 익은 땅 두고
한반도 금 그어 남과 북으로 갈라져
155마일 휴전선 근처를 돌고 돈 지 반세기
윤기가 흘렀던 머리카락에 하얀 서리가 내리고
이마에 굵은 주름이 패인 아버지와 딸의 만남

왜 이제 오셨나요
인고의 세월 차마 죽지 못해 오셨나요
한 시간 서울 길 반세기 걸려 이제 오셨나요
네가 살아 있었구나
네가 내 딸이냐 아들이냐
우리 애기 곱게 컸구나
제가 떠나오던 날
미숫가루와 주먹밥을 만들어 주신

우리 오마니는 어디 계시나요, 어디 가셨나요
영영 이승에서는 만나지 못하나요
이 외마디의 외침은 흐느낌에서 통곡으로 이어졌다

포성이 갈갈댄 1·4후퇴
피난의 혼돈 속에
엄마 나랑 가, 나랑 같이 가
울며 아장아장 사립문까지 따라오던
눈에 넣어도 아프지 않은
한평생 눈에 선한
네 살 배기의 고사리 같은 딸

끝내 데려오지 못한 한의 긴 세월
이별의 시간이 아무리 길다 해도
죽어서도 보고 싶은 내 딸 경애야
이 엄마를 용서해다오
빌고 빈 애끓은 모정의 대동강 편지는
칠천 만 가슴 속에 한 줄기 뜨거운 흐느낌으로 흘렀다

3일간의 너무나도 짧은 만남

한 평생 수절한 아내와 해후의 약속도 없이
꼭 잡은 손 놓아야 할 시간
하늘도 울고 땅도 울었다.
얘야! 못 간다구 못 가
가지마, 나랑 같이 살어, 가지마
어머니 용서하세요
여든 일곱의 노모는 어린아이처럼 칭얼거리고
예순 아홉의 아들은 어머니 뺨을 부비며 눈물을 쏟았다
눈물의 강이고, 눈물의 바다였다
더 이상 헤어질래야 헤어질 수도 없고
갈라 설래야 갈라 설 수도 없는
오마니, 아버지, 형님, 누이야, 여보의 절규는
세계사에 펼쳐진 한 편의 감동의 드라마였다

그들이 쏟아낸 눈물은
피의 목마름은
겨레의 가슴 속에 샛강으로 흐르고 흘러
반세기 분단의 한을 허물고
세월도 증오도 미움도 갈등도 풀어낸
한판 씻김굿의 위대한 불꽃 잔치였다
얼얼이 맺힌 피를 녹여낸 한마당 아리랑이었다

어부의 사랑

여보게
자네 보았는가
안개 궁그는 이른 새벽
잔물결 거슬러 떠 오른
목선 한 척을

시린 돛대 끝에
퇴색한 깃발은 눈물로 얼어붙고
갯내음 묻어난
젊은 아낙의 적삼자락에
뚝뚝 떨어진 지전 몇 잎들
포롱한 목숨으로 탄생한다

은빛으로 펄펄 뛰는 어족들아
간절한 마음으로
밤마다 꿈을 키우는
어쩌면 내 사랑은 오직 너뿐인가 보다

6

삶의 참회

별
독도
낙서
포장마차
능가사에서
악모惡毛
꽃아, 놀라지 말아라
모닥불
삶의 참회懺悔
실명失明
월출산
억새풀
금남로 서정

별

모닥불 솔솔 피어오른
덕석에 누어
하늘에 반짝거린 동심
별 하나 별 둘...
총총한 별들 중에서
그리움이고 꿈이었던
보이지 않는 별 셋
그 별 찾아 진달래 고향도 버리고
눈물 옷섶에 말리며
아스라한 길 걷고 또 걸었다

간절한 그리움으로 지친 사람들이 부르는 그 별
얼마나 더 꽃 같은 붉은 피를 흘려야
그 별에 닿을 수 있을까?

독도

무슨놈의 슬픔이 그리도 많아서
이름만 불러도 외로운 섬이여
오늘도 어제처럼
파도 타고 눈물에 젖어 있는가
별이 뜨면
바다는 온통 검푸른 색감인데
수정 같은 사랑 하나 속 깊이 간직하고
포말이 부서지는 바다 한가운데
꿈꾸듯 떠 있는 섬은 참으로 외로워라.

무게도 의미도 가진 것 없이
있다가도 없는 듯
그렇게 떠 있고 싶었는데
바람은 불어오고 파도가 가슴을 때리면
부서지지 않으려고
안으로 안으로만 영근 고독
천만년 세월 홀로 서서
눈길 주는 이 하나 없어도
대마도에서 들려온 어지러운 소식에

굳게 빗장 걸어 잠그고
기마騎馬처럼 서 있는 섬은 참으로 아름다워라.

국토의 마지막 보루堡壘
노래하는 별처럼 아름다운 독도여
바다와 하늘, 섬 그리고
수평선 저 너머 그림자까지
뜨겁게 입맞춤 못한 비애를
끝끝내 용서해다오.

낙서

 까마득한 어느 해 봄날이든가
 맑은 한강물이 얼비쳐오는 남산 중머리 다복솔 아래서
 까투리 한 쌍이 부리를 쪼고 있는 것처럼 젖빛 탁술이라도 한잔 한 듯 지는 놀이 우리의 볼을 불그스름하게 물들이고 있었다
 우리는 솔밭에 봄바람 일면 산모롱이를 돌며 꽃잎에 이는 햇살처럼 흔적 없이 사랑을 키우기도 했다
 함박눈이 쏟아져 내린 밤
 갈 곳도 시간도 잃어버린 채 팔랑거린 카바이트 불빛 아래서 이브몽당의 굵은 주름살 이야기로 맥없이 낯 붉히며 소주잔을 채우기도 하고
 늦가을 산골 텅 빈 들녘에 내리는 가을비를 녹이는 마음은 쓸쓸하고 높은 가로수가지에 매달려 있는 마른 잎새를 물들이기도 했다
 그러는 동안에 철은 바뀌고 봄비 내리자
 강바람은 더욱 차가워 나는 길 따라 느닷없이 떠나야 했다.
 그는 아스라이 남으로만 멀어져가는 검은 기찻길에 손 흔들고

나는 죽음 같은 마음에 이슬 같은 것이 핑 돌았다
교정 구석지에 영산홍은 몇 삼년을 피고 졌지만
가난한 나를 사랑해서 발자국만 남기고 바람처럼 가버린 그는 여지껏 보이지 않았다

나는 오랫동안 그를 찾아 헤맸다
부엉부엉 울고 있는 어느 날 밤 그는 꾹꾹 눌러 쓴 실바람 같은 글씨를 우체통에 넣고 있었다
인왕산 아래서 아이들을 파랗게 키운 그를 보았고 눈이 하염없이 내린 밤 나란히 진고개를 넘던 그를 보았고 한가위 날 노란 볏논 언덕에 앉아 달아달아를 구성지게 불렀던 그를 보았고
마지막으로 스잔나의 운명에 훌쩍거린 그를 보았다
그는 그새 머리칼은 성성하고 서릿발에 떨고 있는 낙엽처럼 늙었다

가버린 꿈같은 긴 세월
어쩌자고 자꼬 잠은 깨고 꾹꾹새는 저리 울어 쌓는고

포장마차

이렇게 눈이 펑펑 내린 밤에는
타오르는 불길처럼
나는 왜 이렇게 소주가 먹고 싶을까?

그해 겨울은 눈도 참 많이도 내렸다
충무로 진고개 넘어가는 길목에
눈바람 싸늘하고 삶이 서러운 포장마차
카바이드 등불은 이승과 저승을 넘나들고
한 잔의 술을 마시며
 모나카뷔티의 서러운 사랑이야기를 들으며 떠나간 세발의자에
 우리도 그와 같이 앉아 심장처럼 따스한 오뎅국물
 토닥토닥 익어가던 실오리 같은 참새다리에
 은피라미떼인 듯 눈은 마알간 소주잔 속에서 찰랑거리고
 앵도꽃 피면 대추에 햇밤 담아놓고 우리들의 사랑 꿰매자던
 세월에도 닳지 않을 어설픈 사랑이야기

세월은 가고 인생은 저물어도
생가시처럼 목에 걸린
소주 같은 맑디맑은 세월이여
지금은 너무 멀어 소주잔 속에서만 찰랑거린
앉을 수도 없는 눈물겹도록 발이 시린 포장마차여

능가사楞伽寺에서

 흰 구름 몇 굽이 능선을 감고 넘어온다
 솔숲을 헤치고 골짝으로 불어온 바람은 대웅전을 기웃거리고
 고요를 흔들어 깨우는 풍경소리는 단청이 시리다
 제 무게를 이기지 못하여 흐르는 촛불 앞에서
 살아서 지은 죄 풀지 못하고
 아스라이 너무나 멀리 있는 염원
 꼭 감아쥔 두 손 모두우고
 들릴 듯 말 듯 향 묻은 음색으로
 슬픔을 유언처럼 일궈 올린 여인의 기도 소리
 너를 위해 천만 번 죽어도 여한이 있으리오

 바람이 지나가고 새들이 지저귄다
 전생에 살다 이생의 산자락 속에서 머물다 가고 싶다고
 흘러간 세월 무거운 행장 저 멀리 산 아래 벗어놓고
 그림자처럼 올라온 비구니의 포름한 눈동자
 눈썹 가늘게 덮고 새들의 울음소리에 귀 기울이는 것은

지금껏 마음을 닫지 못하고 두고 온 슬픔 하나 남아 있는 탓일까

　이제 어둠이 내린다
　산은 갈매빛 치맛자락 풀어 대웅전을 감아 돌고
　사립문 너머 선사禪師가 머무른 뜰방에 가지런히 놓여있는
　고무신 한 켤레
　노을빛 곱게 내려 앉아 하늘 끝에 닿으면
　슬픔도 가랑잎도 마음에 꽃피면 아름답지 않으리
　아미타불 한 줄기 내려와 빈 가슴 가득 채운다

악모惡毛

온 세상 몰고 온 바람
앞산 뒷산 밀쳐 두고
꽃밭 속 한낮에 빈 벌 다시 쓸던
저 역사여
선지에 나앉은 말씀
풀잎 모양 돋았네

석석 삼 년 머리 앓는
엽서여 그 입체여
순간의 들고 난 생각들
주렴 꿰는 새소리
피로한 영혼이 이쁜 꽃신을 신고 갔나

즈믄 세월 하늘 땅 고운 눈 닦아두면
꽃처럼 피어난 남녘 땅 방언떼들
밤새껏 획 하나 떼어내
나의 역사 달랜다

꽃아, 놀라지 말아라

꽃아
놀라지 말아라
아직은 지리산 솔밭에 눈발이 성성한데
강마을 건너 헐벗은 언덕에
난데없는 마른 가지에 아리송하게 피어난 설중매
세상을 불지른 아귀의 혓바닥처럼 널름널름 나를 삼키고
피로한 영혼을 살아간 시인에게 얼마나 큰 위안인가

기다림마저 잊어버려도
떠나간 자리에 고요 속에 찾아온
홍매 붉은 너의 야살스런 자태에서
봄밤의 이야기를 듣고
한밤 내내 꿈꾸는 돈키호테가 되기도 하련다

모닥불

  너무 외로울 때면
  하얀 달빛 아래서
  나는 모닥불을 피운다

  깃털럭도 꽃덤불도 뗏장도 쇠똥도 머리카락도
  얼레설레 벌어지고 있는 위선도 거짓도 내 슬픔이라든지 기쁨이라든지
  가버린 세월까지도
  활활 타는 모닥불은 참으로 즐거워라

  으악새 슬피 우니 휘파람 날리며 억새와 나란히 걸어가며 꿈의 화살을 쏘아 올린다든지
  뜸부기 모내기 알리면 보리밭 언덕에 누워 머언 향수에 서성거린다든지
  바람 불고 비는 추적추적 내리는데 대처를 떠돌던 얼굴이 비쳐온다든지,
  불그스름하게 세월에 젖어 타는 모닥불은 참으로 아름다워라.

달밤은 잔풍하고
등굽은 아버지의 얼굴처럼 산은 까맣게 앉아 있고
발치에 누워 있는 묘지는 사랑보다 따뜻하여라

어머니 물레를 돌리면
달무리는 빙빙 돌고
하늘까지 모닥불은 솔솔 피어오른.

삶의 참회憁悔

서해 바다를 녹인 노을이
핏빛보다 고운 빛깔인가를
차마 몰랐네

청상靑孀도 펑펑 울어버린 인생이 꽉찬
그런 시 한 편 쓰고 싶었는데

뿌린 햇살 거두어 들이고
떠오른 눈썹달은 왜 저리 처연한가를
미처 몰랐네

실명失明

여러 개의 꽃을 따들고
이쪽을 보며 웃는다
꽃은 꺾이면서 무슨 소리를 했지만
꽃의 음성을 알아듣지 못한다

방금 울타리를 넘어 온
나비 한 마리가 부러진 꽃대에
뜨거운 입김을 날리며
약방문藥方文을 내주고 간다.
그래도 우리는 알지 못한다

꽃대를 타고 온 진한 수액樹液들이
그들의 얼굴을 찾으며
고개를 휘두르고 있지만
그래도 우리는 알아보지 못한다

월출산

죽창 꽂아 세우고
오천의 계백의 말발굽 소리가
구름처럼 흘러간 우뢰 같은 큰 산
저렇게도 많은 산과 산들이
파란 하늘과 합궁하여
세월 따라 만색을 만들고
한 세상 가장 소란스런 자태로
깃을 펼쳐든 날새처럼
텅 빈 시계視界 위에 뻗어 올린 무주공산無主空山
산의 제왕
그 긴 침묵 앞에
연산의 위력도
십만 평의 땅도 좁쌀만큼 작으리

갈매빛 능선 타고 시선이 따라 가면
산자락에 에워싸여
집과 집들이 모여들어 또아리 튼 사람들
마당에 달뜨면 오붓하게 달무리 만들어
모닥불 사위도록 도란도란 이야기하며
밭이나 갈고 씨나 뿌리며 살아가야 하리

억새풀

억새는 죽어서도 칼날처럼 서 있다
부러지면 부러졌지 눕는 법이 없다
겨울 바람에도 꼿꼿이 고개 들고 속삭인다
마를래야 더 마를 것도 없고
흘릴래야 더 흘릴 눈물도 없고
아낄래야 더 아낄 몸도 없는
비명의 바람 소리에 팔과 팔을 마주 잡고
서로 어우러져 몸 부비며 소리내어 운다

굽힐래야 더 굽힐 수도 없어
이제 떠나가야 할 시간
서릿발 속에 곱게 피어난 억새풀
억센 사나이가 던진 불똥불에
육신 한 점 남기지 않고
이 지상 어디에도 찾을 길 없이
훨훨 불길로 빨갛게 타올라
천상의 별빛으로 태어난 억새꽃

금남로 서정

온 세상 몰고 오는 계절풍에
튼튼한 뿌리를 박고
아픈 혈맥 공중에 뻗고
꽃밭 속 한낮에 일궈 올린 저 역사役事
노란 은행잎에 나앉은 푸른 속말들
삶과 죽음을 이야기하고
만남과 이별을 노래하고
목마른 진리를 열애하고
잘 익은 능금처럼 향기롭다
생명의 심지가 마지막 연소되고
유성流星처럼 부서져 내릴 때
석석 삼년 관冠을 앓고
묵묵히 떠는 저 몸짓
여승의 유장悠長한 쾃춤으로도
결코 달랠 수 없는
하얀 눈물이 알알이 박힌 절대 순수여

고독한 사람은 떠나 버리고
풍요로운 사람만 모여 사는

신의 자비가 깃든 거리
폐엽하듯 뛰어든 맑은 잎새들
추앙받던 가향暇香도
풍성하던 요정妖情도 없는
일월을 울린 너의 나신裸身에서
멀지 않아 겨울이 오면
윙윙 참벌 떼 날으듯 눈은 퍼부어
아랫도리에서 윗도리로 줄을 넘는
속살보다 더 고운 빛깔로
저의들끼리 뺨 부비며 줄을 넘는 꽃잎들
이 한 경치 속에 세상은 둥둥 떠서 간다

6

오재동 연혁

| 오재동 年譜 |

1941. 전남 고흥군 대동리에서 태어남.
1962. 건국대학교 국어국문학과 입학.
1964. 서울시 대학생이 결성한 《광장》 발기 및 창립 동인 제1집 발간 후 이념화되어 탈퇴함. 《25시 동인》 발기 및 창립 회원. 군 입대로 활동 중단.
1965. 인천신문에 「나목」과 「밀실」 시를 발표함.
1967. 복학하여 학교 문학행사에 참여하여 시공관에서 시화전을 열고 문학의 밤에 「환상」이란 시를 낭독함. 조지훈, 박재삼 시인님 댁으로 찾아뵙고, 시평을 듣고 시의 꿈을 키우기도 하고 종로 5가 현대문학사를 서성거리기도 했음.
1969. 건국대학교 국어국문학과 졸업(문학사). 월간 한국현대 보도사 문화부 기자.
1970. 여수상업고등학교 교사. 여수 진남제 백일장 심사위원. 여수상고 문예부 서애련 학생이 우수상 수상, 문예장학생으로 추천하여 선정됨. 시재(詩才)가 부족함을 깨닫고 시인 추천의 뜻을 접음.
1971. 진주강씨 강복진과 결혼.(3년 1남을 둠). 전라남도·전라북도 국어과 순위 고사에 응시하여 합격함.
1972. 전남은 고향인 도양중학교 교사. 전북은 무주 구천동 설천중학교 교사로 발령. 고향은 마음이 내키지 않아 설천중학교를 선택함. 73년에

설천고등학교가 설립되어 교가 공모에 내가 작사한 것이 선정됨. 전국 고전경시대회에 정래춘 학생이 도 최우수상 수상, 지도교사 표창 사양함. 개교기념일 날 시화전 개최. 국회의원님 3만 원 찬조.
1975. 학교를 남원 쪽으로 옮겨 원광대학원에 진학하면 원광대학에 출강할 수 있게 힘써 준다는 장학사의 말도 듣지 않고 전라남도로 전입함. 전남교육감 상 수상. 청상으로 사신 어머니 별세.
1979. 완도 소안중학교 교사. 시인의 꿈이 꿈틀거리기 시작함.
1982. 불교신문 신춘문예에 시조 「운암리 詩篇」이 당선됨. 전남여자고등학교로 전입.
1983. 《현대시학》에 시 「인동기」외 2편이 천료 되어 늦깎이로 등단함.
1984. 《현대시학》 편집 계획에 '남도 시인과의 대담'을 주관함. 1회 송수권 시인 초대. 특집으로 선정. 내 시도 게재, 신작시도 발표. 전봉건 주간의 타계로 종료. 전봉건 선생님과 만남이 길었더라면 나의 문학 인생이 달라졌을 것으로 예상됨. 광주·전남 중고교 상용한자지도 보급자료 제작 위원(교육감 표창). 교수 학습 방법 개선(교육감 표창).
1985. '전남 논술학습지' 편집 및 지도위원(교육감 표창), 학급경영 및 학습지도 우수 교사(교육감 표창), 교원의 자질 향상과 현장 개선을 위한 논문(교육감 표창), 광주일보 칼럼 《광일춘

추》연재, 광주일보 사계(四季)의 시, 애향, 금호문화, 가든, 환희 등에 작품 발표.
1987. 시집 『이 눈부신 황토에 꽃을』공저 발간(규장각). 『대입 정통 논술』(규장각)발간. 광주문협 초대 사무국장 3개월 만에 사직.
1988. 전국 무크지 민족과 지역 편집위원. 토요시 낭송회 및 완도 명사십리·쌍계사 세미나 행사 운영위원(금호문화재단 후원). 교수 학습 방법 및 평가 방법(교육감 표창), 지역시인 재조명, 김현승 시인의 생애와 시 세계
1989. 시집 『운암리 時篇』발간(세종출판사). 광주문협 2대 사무국장. 무크지 『지역과 문학』편집위원. 평교사 삶을 결정하고 전대사대 부속고등학교 전입 확정을 포기함.
1991. 학습방법 개선을 위한 논문(교육감 표창). 광주문협 공로상 수상.
1992. 문학동인 '죽란시사회'를 송수권, 최병우, 박혜옥, 윤향숙 등 6명이 창립하여 3집 발간으로 탈퇴함. 광주 교단선진화 추진 위원(교육감 표창).
1994. 광주 시인협회 발기 및 창립 회원, 이사. 교수 학습 방법 개선 실적(교육감 표창). 교육부장관상 수상.
2000. 32년 간 국어교사로 근무하다 광주여고에서 교감으로 명예 퇴직함. 근정포장 받음.
2003. 시집 『눈부신 강변에 꽃은 피고』발간(한림), 광주문학상 수상.

2004. 한국문인협회 이사.
2005. 아침이 있는 시(중앙일보) '아, 이 한 경치 속에' 연재. 산울림 시낭송 동인 최병우, 오명규 시인 등과 창립. 작품집 6집 발간.
2006. 광주광역시 시인협회 자문위원.
2007. 한국 현대시인협회 중앙위원. 광주광역시 시인협회 부회장. 서울 삼각지 전철역에 「아, 이 한 경치 속에」 게시. *그대, 그리운 날의 시 78편 선정, 중앙일보 시집 수록.
2009. 광주광역시 시인협회장 당선. 시 창작교실 개설(강사 송수권 시인). 너릿재시비건립 사양(임종숙 심사위원 추천).
2010. 시집 『인동기』 발간(서석). 한국문학 백년상 수상(한국문협). 시인협회 공로상 수상.
2011. 한국문인 권익옹호위원. 행정자치부 주관 백일장 심사위원. 한국문협 위촉(대전)
2013. 향우회에서 고향에 「고향길」이란 시비를 건립함.
2014. 시집 『그래도 찔레꽃은 피는데』 발간(해동). 광주시문학상 수상.
2016. (현)한국문인협회 자문위원(경력26,27,28대) 광주시인협회 고문. 고흥작가회 고문. 산울림 동인 창립, 건국문학회원, 광주·전남 『대표문학선집』으로 발간 편집 공동 위원장.
2022. 『별아, 푸른 별아』 발간 (명성)
2025. 『은핫물 강변에 접동새 울음소리』 발간(문화앤피플)